흙수저가 꿈꾼
인생 역전
스토리

깡
하나로
美친 꿈을
이루다

깡 하나로 美친 꿈을 이루다

흙수저가 꿈꾼
인생 역전
스토리

정종태 지음

이코노믹북스

밀가루 죽이 아닌 밥을 먹고 싶었다.
밥을 먹으니 집다운 집에서 살고 싶었다.
집다운 집에서 사니 내 집을 갖고 싶었다.
점차 커지는 갈망을 채우기 위해 150만 원으로 사업을 시작했다.
그리고……
고난과 역경을 밟고 28년 만에 매출 700억대 회사로 성장시켰다.

배를 움켜잡았던 가난이 없었다면
신화의 시작은 없었을지도 모른다.

-정종태

깡 하나로 꽃친 꿈을 이루다

내가 어린 시절에는 환갑이면 대부분 지팡이를 짚는 노인이었다. 그 시대에는 60세가 넘은 걸 축하해 주는 환갑잔치를 했었다. 그런데 100세 시대인 요즘은 환갑잔치를 한다는 말은 거의 못 들어본 거 같다. 60세는 죽음을 앞둔 나이가 아닌 생의 이모작을 위한 걸음마의 시작인 것이다.

환갑을 몇 년 넘긴 나이가 되고 보니 새삼 옛일들이 한편의 영화처럼 내 머리에 스쳐 지나간다. 이제야 마음의 여유가 생겨 힘듦, 괴로움, 아픔…… 이런 단어에 무감각해진 걸까. 아니면 이제는 잊고 싶어서 그런 단어들을 떠올리지 않기 때문일까. 곰곰이 생각해 보니 난 절박한 시절에도 그런 단어들을 떠올리지 않았던 거 같다. 그래 봤자 바뀌는 건 없으니까. 오히려 눈을 뜨고 산다는 것이 더 힘들어질 뿐이니까. 난 스스로 그걸 느끼며 내 심신을 더 힘들게 하는 단어들을 내 머리에서 날려 보내려 노력했던 거 같다.

너무 힘들면 힘든 것도, 너무 아프면 아픈 것도 느낄 수 없다는 말을 난 너무도 공감한다. 한 끼를 먹어야 한다는 절박함이 아픔, 괴로움, 창피함이라는 감각을 마비시켰었다. 그래서 너무 힘들 땐 애써 노력하지 않아도 부정적 생각이 들지 않았다. 오로지 오늘 하루를 어떻게 살아야 할지 외에는 머리에 떠오르는 생각이 없었다.

초등학교 때부터 내 또래 아이들과 발맞춰 진학할 수 없었던 난 학창시절의 해맑은 추억이 없다. 너무도 가난해 우리 가족들은 뿔뿔이 헤어져 살아야만 했다. 쌀 살 돈이 없어 밀가루 죽으로 생계를 이어가야만 했다. 그런 가정형편에 학교를 다닌다는 건 상상도 할 수 없었다. 휴학을 하고 다시 다니고를 반복하며 중학교를 졸업한 후 고등학교부터는 내 힘으로 다니겠다고 결심했다.

최소한 고등학교는 나와야 반듯한 직장에 들어갈 수 있고 그래야만 지긋지긋한 가난이라는 울타리에서 조금은 벗어날 수 있다고 생각했다. 야간을 지원해 낮에는 이것저것하며 돈을 벌어 학비와 용돈을 마련했다. 그렇게 어렵게 고등학교를 졸업하고 나니 전문대라도 나와야겠다는 생각이 들었다. 그래서 낮에는 일하고 밤에는 대학을 다녀 야간 전문대를 졸업했다.

이상하게도 난 어렵게 한 고비를 넘기고 나면 안주해 버리지 않고, 또 다른 고비를 넘어보자는 새로운 욕구가 생겼다. 너무 어렵게 살면서 깡과 끈기가 나를 지탱시켜 주어서 그런지는 모르겠다. 여하튼 그런 의지로 대학까지 졸업하고 반듯한 직장에 들어갔다. 끼니 걱정도 없어지고 뿔뿔이 헤어졌던 가족들과도 정상적으로 가정을 꾸려 살게 되었다.

어릴 적 간절히 원하던 소원은 이룬 것이다. 하지만 뭔지 모르는 부족함이 내 마음을 허전하게 만들었다.

'한번 지나간 시간은 돌릴 수 없는 법, 조금이라도 젊었을 때 미래의 무지개빛 인생을 위해 도전해 보자.'

직장생활로는 내 미래가 그리 밝지 않을 것 같았다. 경제적 능력도 그렇지만 무엇보다도 성취욕과 행복감이 없을 거 같다는 생각이 들었다. 그래서 난 준비도 없이 깡 하나로 사표를 던지고 과감히 사업을 시작했다.

주변 사람들은 결혼한 지 얼마 안 된 가장이 계획도 없이 회사를 그만두었다고 '무모하다', '책임감 없다'며 나무랐다. 난 그런 말을 들을 때마다 더 자극을 받아 도전에 채찍질을 했다.

I can do it!!!

'열심히 해 본다'가 아닌 '난 해낼 수 있다'는 각오로 1992년도에 150만 원으로 사업을 시작했다. 비장한 각오로 시작했지만 몇 달 만에 큰 고난과 부딪혔다. 하지만 난 그 고난에 무릎 꿇지 않았다. 아니, 꿇을 수가 없었다. 내가 쓰러지면 내 가족들이 다시 참담한 굴속으로 들어가야 했으니까. 그렇게 여러 번의 큰 난관과 고난들을 겪으며 지금까지 회사를 이끌어 왔다. 2022년이 창립 30주년이고, 현재 계열사까지 포함해 연매출 700억 원을 올리고 있다.

이제는 지나간 역경의 시간들을 덤덤하게 감상할 수 있는 마음의 여유가 생겼다. 그래서 나의 긴 고난의 여정을 책으로 내고 싶었다.

사람들은 내게 성공했다고 말하지만 난 아직 성공했다고 생각하지 않는다. 가슴 절이게 만든 가난 때문에 돈을 목표로 삼긴 했지만 돈에 끌려가는 삶을 살고 싶지는 않았다. 돈이 많지만 마음이 가난하다면 내 삶이 의미가 있을까 하는 생각을 많이 했었다.

난 물질보다 정신과 마음이 더 풍요로운 사람이 되고 싶었다. 어쩌면 물질의 목표를 이루었기에 이런 말을 할 수 있는지도 모른다. 그렇다고 현재 마음이 가난하다는 건 아니다. 하지만 요즘 코로나19 전쟁 속에 갇혀 어려운 시기가 되다 보니 본의 아니게 마음이 건조해진 거 같아 누군가에게 성공했다는 말을 들으면 부끄럽다.

어려운 시기에 정신적 안정을 갖고 싶어 글을 쓰게 되었다. 남들에게 성공의 지침서라고 내밀고 싶어 책을 내는 건 아니다. 삶이 너무 힘들고 지쳐 다 놓고 싶은 사람들에게 작은 희망을 안겨 주고 싶었다. 또한 글을 쓰고 책을 내는 새로움에 도전하고, 지난날들을 떠올리며 초심을 다시 한 번 다지는 기회가 되고 싶기도 했다.

아무쪼록 이 책을 통해 새로운 꿈을 꾸고, 다시 한 번 주먹을 쥐어 보고, 삶의 희망을 갖는 사람들이 많았으면 좋겠다.

참담하게 가난하고 가진 게 없어도 누구나 풍요롭고 행복한 꿈은 꿀 수 있다. 꿈도 꿀 수 없다고 푸념만 하지 말고 간절한 꿈을 꾸어보자. 꿈은 태몽처럼 누군가 대신 꾸어 주는 것이 아니다. 의욕 상실이 되었다면 더더욱 꿈을 꾸어야 한다. 꿈은 새로운 의욕과 열정을 불러일으키게 만드는 원천이니까 말이다.

나 또한 새로운 꿈을 마음껏 꾸어 보려 한다.

-2020 경자년 바이러스에 갇힌 겨울에
정종태

PART 1 ▶▶▶ 성공 DNA

PART 2 ▶▶▶ 꿈을 꾸는 자, 꿈을 잡는 자

1 PART

성공 DNA

힘든 하루가 될지, 행복한 하루가 될지는
자신의 생각에 달려 있다.
정종태

매일 아침 아프리카에선 가젤이 눈을 뜬다.
그는 사자보다 더 빨리 달리지 않으면 죽는다는 것을 알고 있다.

매일 아침 사자 또한 눈을 뜬다.
그 사자는 가장 느리게 달리는 가젤보다 빨리 달리지 않으면
굶어 죽는다는 것을 알고 있다.

당신이 사자이건 가젤이건 상관없이
아침에 눈을 뜨면 질주해야 한다.

『마시멜로』책에서

깡 하나로 美친 꿈을 이루다

01

꿈과 깡

몇 해 전 성공의 'ㄲ', 즉 꿈, 끈, 깡, 끼, 꾀, 꾼, 꼴에 대해 들으며 내
게 부족한 건 뭔가 곰곰이 생각해 봤다.

꿈. 나이에 따라 꿈은 달라진다. 내가 초등학교 시절에는 남자아
이들의 꿈은 주로 대통령, 과학자였다. 그러다 학년이 올라갈수록 그
꿈은 현실적으로 변하고, 사회에 나오면 내 꿈이 뭐였는지도 잊어버
리는 사람들이 많다. 그런데 난 초등학교 때 그 천진한 꿈조차 꾸어
보지 못했었다. 가세가 폭삭 기울어 가족들이 뿔뿔이 헤어져야 했고,
하루 세 끼가 아닌 한 끼 걱정을 했으니 그런 꿈을 꾸는 것 자체가 사
치였다.

누나, 형과 떨어져 살고 배를 채우기 위해 밀가루 죽을 먹는 상황
에서 꿈을 꿀 수 있었겠는가. 그때 그 어린 소년을 생각하면 아직도

가슴 한쪽이 찡하게 저려온다. 어린 나이에 감당하기 힘든 삶이었지만 그래도 꿈을 꾸었다면 마음이라도 든든했을 텐데 하는 생각이 들기도 한다. 하지만 그 시절에는 배부른 꿈은 그저 허황된 생각인 거 같았다. 아니, 허황된 생각에 빠질 정신적 여유가 없었다.

많은 사람들은 사회에 나오면서 꿈을 잃어버리지만 난 반대로 사회에 나오면서 꾸어보지도 못한 꿈을 꾸기 시작했던 거 같다. 지금 생각해 보면 꿈을 꿀 수 있게 해준 지독한 가난이 오히려 감사하다.

끈. 학연, 지연 등의 인맥 끈도 성공의 요건이라고 한다. 직장생활을 할 때까지는 인맥에 대해 별로 중요하게 생각하지 않았었다. 그러다 사업을 하게 되면서 인맥의 중요함을 피부로 느끼게 되어 다양한 부류의 사람들과 교류를 하려 노력했었다. 그렇게 신뢰로 다져진 인맥 때문에 부도를 슬기롭게 잘 넘기기도 했었다. 하지만 너무 많은 인맥 관리를 위한 시간 소비는 바람직하지 않다고 생각한다. 몇 사람을 건너면 대통령과도 연결된다고 하지 않는가. 문어발식 인맥이 아닌 단단한 몇 사람의 인맥 구축에 충실하는 것이 효과적이라고 본다. 또한 내게 도움되는 사람만이 아닌 내가 도움을 줄 수 있는 사람도 인맥으로 다지는 것이 긴 삶을 풍요롭게 만드는 길이라고 생각한다.

깡. 지독한 가난, 나를 오뚝이로 만든 고난과 역경은 내게 깡을 남겨 주었다. 난 지치고 힘들 때마다 불끈 주먹을 쥐어 다짐을 하곤 했다. 입술을 깨물며 깡을 다졌고 그 깡이 내게 끈기를 만들어 주었다. 깡과 끈기가 없었다면 사업 시작도 여기까지 오지도 못했을 것이다. 사람이기에 모든 걸 다 놓고 싶다는 생각을 한 적이 많았지만 간절함이 깡과 끈기를 더 강하게 만들어 준 것 같다.

끼. 즐기는 방법을 몰랐던 걸 보면 솔직히 난 끼는 없는 것 같다. 하지만 앞으로 좀 더 즐겁고 행복한 삶을 위해 끼도 만들어보려 한다. 해도 안 되는 것이 있기는 하지만 해 보지도 않고 포기하는 건 어리석음이라 생각한다.

꾀. 똑똑한 사람보다 현명한 사람이 실패를 줄이며 삶을 잘 이끌어 간다. 똑똑한 사람은 자기 꾀에 자기가 넘어가는 실수를 자주 범하지만 현명한 사람은 자기 꾀를 다스릴 줄 알기에 같은 실수를 되풀이하지 않는다. 똑똑함보다 현명한 꾀는 실수를 줄이는 중요한 덕목이라고 생각한다. 하지만 내 잣대로 판단하는 걸 꾀라고 생각하는 오류를 범하지 않을까 조심하려 노력한다.

꾼. 장사를 잘하는 사람에게 장사꾼이라고 부른다. 꾼은 프로를 말한다. 완벽한 사람은 없지만 완벽해 보이는 사람은 있다. 그래서 난 프로답게라는 말을 좋아한다. '나도 그렇게 보일까'라는 생각을 해 보며 다시 나를 재점검해 보려 한다. 완벽하지는 않지만 나름 프로처럼 보일 거 같다고 생각하긴 하지만 남들은 다른 평가를 내릴 수도 있기 때문이다.

꼴. 대학 졸업 후 직장을 다닐 때는 꼴에는 별로 관심이 없었다. 사업을 해 보기로 마음먹은 후 여러 업무를 배울 수 있는 소기업과 중소기업에 들어가 영업 일을 하면서 상대에게 내 꼴이 어떻게 보일까 고민하며 관심을 가지게 되었다. 꼴로 자신의 내면을 다 보여 줄 수는 없지만 첫인상이 선입감을 줄 수 있기에 중요하다고 생각한다. 살아온 흔적은 얼굴에 고스란히 남게 되므로 자신의 인상에 책임질 줄 아는 사람이 성공적 삶을 만들지 않을까.

강의를 듣고 난 후 혼자 곰곰이 생각해 보며 메모를 했었다. 꿈을 이룰 수 있게 만든 깡, 내게 가장 큰 무기는 깡인 거 같다. 꼭 이루고 싶다는 간절함이 깡을 단단하게 만들어 주었다.

절실함이 없다면 깡에도 힘이 들어가지 않는다고 생각한다. 그래서 자신에게 깡이 있다는 것조차 모르는 사람도 있는 거 같다. 처참하고 고단한 삶이 내게 깡을 무기로 만들어 준 거 같아 고맙기도 하다.

100세 시대를 대비해 내게 부족한 끼를 개발해 보고 나이에 맞는 꾀, 현명한 혜안을 갖도록 끊임없이 공부하고 노력하려 한다. 완벽한 사람이 되기 위해 끊임없이 노력하는 건 아니다. 부족함을 채우자는 목표가 내게 열정을 만들어 주고, 그 열정이 내게 에너지를 불어넣어주기 때문이다.

이 글을 읽으면서 부족한 이것을 채워야겠다는 생각이 든다면 '꼭' 실천으로 옮기길 바란다. 나 역시 열정이 시들지 않게 목표를 위한 전진을 '꼭' 실천할 것이다.

02

마부위침 磨斧爲針

요즘은 어떤 가훈들을 많이 쓰는지 모르겠지만 내가 어린 시절에는 주로 '가화만사성(家和萬事成: 가정이 화목해야 모든 일이 잘 이루어진다)'이라는 가훈을 집에 걸어놨었다.

아버지가 사업에 크게 실패해 식구들이 모두 뿔뿔이 헤어지게 되었지만 나와 세 살 터울인 남동생은 어린 덕분에 아버지와 함께 살게 되었다. 그때는 속으로 다행이라고 생각했지만 철이 들고 나서는 형과 누나에게 너무나도 죄송하고 마음이 아팠다. 조금 더 일찍 태어났다는 죄로 가족들과 떨어져 고아 아닌 고아로 살았던 형과 누나를 생각하면 지금도 가슴 한쪽이 칼로 도려내는 것처럼 저리고 아프다. 한참 뛰어 놀아야 할 나이인데 형이고 누나라는 이유로 집을 떠나 살아야 했으니 부모 원망을 하면서도 동생들도 밉지 않았을까. 형과 누나는 부모에 대한 원망이나 동생들을 미워하지 않았다고 하지만 어린 나이에 가족들을 그리워하며 눈칫밥을 먹는데 어떻게 그런 마음이 들지 않았겠는가. 그래도 지금은 웃으며 추억처럼 말할 수 있다는 사실이 얼마나 감사하고 행복한지 모른다.

쌀을 살 돈이 없을 정도로 가난해 학교를 다니지 못한 나와 동생은 나무를 해서 팔아 밀가루를 사서 죽을 끓여먹었다. 지금 생각해보니 지독한 배고픔이 누나, 형의 빈자리와 슬픔을 조금은 잊게 해주었던 거 같다. 그렇게 살던 어느 날 아버지가 한문이 쓰여진 큰 액자를 가져오셔서 우리 집 가훈이라고 하셨다. 나와 동생은 아버지가 설명하는 가훈의 뜻을 한 귀로 흘러버렸다. 나무를 가지러 갈까, 쑥을 캘까, 신문을 돌릴까, 쌀을 살 수 있는 일에만 몰두해 있는 우리에게 가훈 따위가 중요하겠는가. 아버지는 그 액자를 잘 닦아 방에 걸고 매우 흡족해하셨다. 아버지에게 죄송하지만 난 그때 '저걸 팔면 쌀을 살 수 있을까' 하는 생각을 했던 거 같다. 하지만 그랬다가 집에서 쫓겨날까 봐 그럴 용기는 없었다.

아버지 외는 가족 중 누구도 그 가훈을 깊게 생각하거나 자세히 보지 않았다. 내가 조선공사를 다니며 야간 전문대를 졸업하고 형과 누나도 직장을 다녀 셋이 모은 돈으로 반듯한 집을 얻게 되면서 아버지가 수시로 닦으며 소중하게 다룬 그 액자 속 가훈의 뜻을 따져 보았다.

마부위침磨斧爲針은 당나라 시인 이백으로부터 유래했다고 한다. 산에 들어가 수학하던 이백은 공부에 싫증이 나 스승에게 말도 없이 산을 내려왔다. 그런데 계곡이 흐르는 냇가에서 어느 한 노파가 도끼를 열심히 갈고 있었다. 이백은 할머니가 뭘 하고 있는지 너무 궁금해 다가가 물어봤다. 할머니는 바늘을 만들기 위해 도끼를 갈고 있다고 했다. 이백은 할머니가 말도 안 되는 일을 하고 있다고 생각했다.

"중도에 포기하지만 않는다면 언젠가는 바늘이 될 수 있단다."

이백은 할머니 말씀에 고개를 끄덕이곤 다시 산으로 들어가 학문에 정진했다고 한다. 그래서 생겨난 말이 마부위침磨斧爲針이다.

가훈의 뜻을 자세히 알고 나니 액자를 닦으며 소중하게 다룬 아버지의 마음을 헤아릴 수 있었다. 사업에 실패해 자식들이 뿔뿔이 흩어져 살고, 학교도 제대로 보내지 못할 때 아버지의 마음은 어땠을까. 내가 아비의 입장이 되어보니 가슴으로 피눈물을 흘리셨을 아버지 마음을 느낄 수 있었다. 아버지는 그 가훈을 보며 마음을 다지고 피눈물을 삼키셨던 거였다.

살아계실 때 효도를 해야 한다고 하지만 많은 사람들은 부모를 잃고 나서야 효도를 못한 걸 후회하며 부모님을 그리워한다. 어머니는 내가 초등학교 때 돌아가셔서 효도를 할 수 없었다고 하지만 아버지에게는 왜 좀 더 잘해드리지 못했을까 후회가 된다.

가훈의 뜻과 아버지 마음을 이해하고 난 후 포기라는 단어는 절대 내 머리에 떠올리지 않겠다고 다짐했었다. 내 꿈을 이룰 때까지는 주먹을 펴지 않겠다는 결심도 했다.

도끼를 갈아 바늘을 만들겠다는 신념, 그 신념은 하늘도 감동시킬 수 있다고 생각한다.

호랑이인 줄 알고 활을 쏘았더니 돌에 화살이 꽂혔다는 사석위호射石爲虎란 말도 있지 않은가. 살아야겠다는 의지와 목표를 이루겠다는 굳은 신념은 어떤 장애물도 극복할 수 있는 힘을 발휘하게 만든다. 확실하고 절실한 목표가 있다면 초인적 의지도 생기기 마련이다.

의지가 약하다, 나태해졌다는 생각이 들 때면 난 다시 한 번 주먹을 불끈 쥐어보며 다짐을 해 본다. 100세를 바라보며 더 날카롭고 상품가치가 있는 명품 바늘을 만들기 위해 오늘도 내 자신을 갈고 닦으려 한다.

03

용기를 준 가난

무식하면 용감하다는 말이 있다. 유식한 척하는 사람들은 이것저 것 재보려 하지만 무식하면 따져보지 않고 앞, 뒤 안 가리며 밀어 붙이니 나온 말인 거 같다. 가난은 내게 부끄러움은 날아가게 하고 용기는 불어넣어주었다. 그렇지 않았다면 꿈을 꿀 용기도 생기지 않았을 것이다.

내가 태어나면서부터 가난했던 건 아니었다. 일제시대 때 징용 갔다 오신 아버지가 미국 약품회사 지사장을 맡으면서 그래도 부 유하게 살았다. 그러다 6.25 전쟁이 나면서 인민군 앞잡이를 하는 사람이 아버지를 산으로 끌고 들어갔다. 자신들의 생계를 위해 부 자로 사는 아버지를 택했던 거 같다.

할아버지는 집에 머슴을 둘 정도로 살 만했었는데, 할머니는 머

습들을 홀대하지 않으시고 가족처럼 보살펴 주셨다. 6.25 전쟁이
날 무렵에는 주로 머슴이나 못 사는 사람들이 한풀이라도 하듯이
인민군 앞잡이로 돌변했었다. 할머니에게 많은 도움과 보살핌을
받은 머슴이 인민군 앞잡이가 되었다. 그 머슴이 아들을 찾기 위해
실신상태로 다니는 할머니를 본 후 산에서 아버지를 찾아냈다. 할
머니는 다음 날 아침 대문 앞에 가마니에 씌워져 있는 아버지를 발
견했다. 자신들의 은신처를 들키지 않으려 야밤에 눈을 가린 아버
지를 데려다 집 앞에 놓고 간 것이었다. 산에서 심한 고문을 받은
아버지는 정신을 잃어 있었고, 할머니는 그런 아버지라도 찾았다
는 안도에 놀란 가슴을 쓸어내리셨다고 한다. 심한 고문 탓에 아버
지는 제대로 몸을 가누지 못할 정도로 후유증에 시달리셨다. 그 당
시는 이런 억울한 일들이 많았지만 어디다 하소연할 수도 없었다.
그런 억울하고 암울한 상황이 이어지며 우리 가족은 가난이라는
굴레로 빠져 들게 되었다.

　　방 한 칸에서 사형제에 부모님, 할머니까지 일곱 식구가 모두 모
여 살 수가 없었다. 끼여서 지낼 수는 있었지만 모두 굶어 죽을 지
경까지 되었기에 아버지는 결단을 내리셨다. 아버지는 모두 살아
남기 위해서는 헤어져 살아야 한다는 결심을 하셨고 그걸 눈치 챈

형은 돈을 벌어 온다며 집을 나갔고 누나는 친척집으로 보내졌다.

배고픔과 형제와의 생이별은 나와 어린 내 동생에게는 너무도 받아들이기 힘든 아픔이었다. 슬픔을 가슴에 안고 학교에 갔지만 육성회비를 못내 학교에서도 상처를 받아야만 했다. 그 당시는 초등학교가 무상교육이 아니었기에 매달 육성회비를 냈었다. 돈이 없어 못내는 학생들은 조회시간에 이름이 불리고, 일어서 복도로 나가 손을 들고 서 있어야 했다. 학비를 빼돌리는 나쁜 짓을 한 것도 아니고, 가난해 돈을 못 내는 것도 서러운데 벌까지 받던 시대가 있었다.

요즘 아이들에게 이런 이야기를 해주면 이해가 안 된다며 고개를 갸우뚱한다.

어려운 시절에는 가난하고 힘없는 사람은 가슴에 상처까지 남겨야 했다. 결국 밀린 육성회비를 감당하지 못해 난 학교를 나가지 못했다. 처음에는 학교에 가는 친구들을 보면 부러웠지만 점차 부러워하는 감각이 마비되어 버렸다. 부러워해 봤자 바뀌는 게 없으니 그런 마음의 여유가 생기지 않았을지도 모른다. 오히려 학교에서 육성회비를 못 냈다고 야단맞고 벌을 서는 창피함보다는 학교에 안 나가고 친구를 부러워하는 게 낫다는 생각도 했었다.

친구들이 학교에 가는 시간에 난 동생을 데리고 산에 가서 나무를 해다 팔았다. 어린아이가 나무를 해 팔면 얼마나 갖다 팔 수 있겠는가. 조금이라도 더 많이 가져다 팔기 위해 어깨에 메고 팔에 들고 많이 들 수 있는 방법을 강구해 냈다. 쑥을 캐서 나무 위에 얹어 한 푼이라도 더 벌려 노력했다. 처음 그런 모습을 친구들에게 들켰을 때 너무 창피해 도망가고 싶었다. 부끄러움에 차라리 배 곯다 죽어버리는 게 낫겠다고 생각했지만 어린 동생을 보며 하는 데까지 열심히 살아보자고 다짐했었다.

그런데 어느 날 문득 돈이 없는 것이 가장 창피한 거라는 생각이 들어 창피함과 서글픔을 안겨준 돈이라는 놈과 싸우고 싶어졌다. 학교는 안 다녀도 좋으니 내 가슴을 멍들게 만든 돈을 벌어 보자는 오기가 생겨 더 열심히 돈이 되는 일을 찾아 헤맸다. 하지만 초등학생인 어린아이가 벌어야 얼마나 벌 수 있었겠는가. 나와 동생이 해다 판 나무와 쑥 값은 쌀이 아닌 밀가루밖에는 살 수 없었다. 그때의 실망과 허망함은 아직도 가슴에 남아 있다.

그러다 아버지가 작은 일을 하게 되었다. 상황이 아주 좋아진 건 아니지만 아버지는 나와 동생을 학교에 보내주셨다. 공부를 안 한 지 이년이 된 난 친구들과 수업을 맞출 수 없었다. 하지만 학교에 갔다는 사실에 들뜨고 행복해 열심히 공부해야겠다는 의지는 불탔던 거 같다. 의지는 의지일 뿐, 성적별로 분단을 나누고 자리 배치를 하는데 난 제일 꼴등 자리를 배정받았다. 학교를 못 다닌 부끄러움도 이긴 나였기에 꼴등 자리도 감사했다.

"이번에 공부 지지리도 못하는 애가 들어왔어."

담임선생님이 다른 선생님에게 내 이야기를 하는 걸 듣고 오기가 생겼다. 학교를 못 다니고 집에서도 공부할 수 없는 처지였기에 꼴등 자리에 앉을 수밖에 없었는데 원래 공부를 못하는 아이라는 평가가 억울했다. 난 밀가루 한 봉지를 더 사기 위해 노력했던 절실함으로 밤을 새워 공부해 한 달에 한 분단씩 뛰어넘어 상위권으로 올라갔다.

난 지금도 그때 그 아이를 떠올리며 박수를 쳐 준다. 절박하게 만든 가난, 그 가난이 너무도 싫었지만 내게는 너무도 큰 유전자를 남겨주었다. 아마도 그런 시절이 없었다면 아이들 틈에 묻혀 특색 없는 삶을 살게 되었을지도 모른다. 그 당시는 끔찍했지만 지금 생각해 보면 얼마나 다행이고 감사한지 모르겠다.

처참한 가난은 내게 '할 수 있다'는 큰 용기와 힘을 주었다.

04

순간의 선택이
미래를 좌우한다

아버지가 작은 사업을 하게 되면서 밀가루 죽이 아닌 밥을 먹게 되었고, 나와 동생은 학교에 다니게 되었지만 형과 누나를 집으로 데리고 올 정도로 형편이 좋아진 건 아니었다. 동생을 데리고 팔 거리를 찾아 산을 헤매지 않아도 되었지만 집에 조금이라도 도움이 되고 싶어 주말에는 나무와 쑥을 캐서 가져다 팔았다.

끼니 걱정 없이 학교를 다니는 것도 잠시 내가 중학교 1학년이 되었을 때 아버지 사업이 망해 다시 지독한 가난으로 돌아가게 되었다. 심한 고문의 후유증으로 정상적 몸이 아닌 아버지를 받아줄 회사는 없었다. 그렇다고 자본금이 있어 사업을 할 처지도 아니었지만 성실하고 정직한 아버지 성품을 인정한 공장에서 물건을 대주기로 해 작은 사업을 하시게 되었다.

요즘은 카드로 할부 구매를 하지만 카드가 없던 그 시대에는 할부 구매가 없었다. 그래서 동네 아주머니들이 모여 계모임을 해 살림살이를 장만했다. 10명이 매달 얼마씩 내고 순번을 정해 물건을 가져가는 식이었다. 인원을 모으는 계주는 물건을 하나 더 챙겨 이윤을 남겼다. 아버지는 계주를 하는 사람들을 찾아다니며 물건을 공급했는데 처음에는 아버지 혼자 하시다 일이 잘되니 영업과 관리를 하는 직원을 채용하셨다. 물건을 대주는 사장도 아버지 능력에 감탄할 정도로 잘 되었다. 조금만 더 벌면 온 가족이 모여 살 수 있다는 희망이 생겨 아버지는 더 열심히 하셨다. 그런데 채용한 직원이 물건 대금을 받아 도주하는 사건이 발생했다. 아버지는 자신을 믿고 도와준 사장에게 피해가 가게 할 수 없다며 그동안 번 돈을 모두 물건대금으로 지급하셨다. 그러다 보니 우리는 다시 끼니 걱정을 하는 시절로 돌아갈 수밖에 없었다.

형과 누나가 집으로 온다는 희망의 불씨는 꺼졌고 나와 동생은 다시 학업을 중단해야 했다.
'왜, 우리는 가난의 굴레에서 벗어날 수 없을까.'
난 세상이 너무도 원망스러웠다.
집을 나갔던 형은 자원해 군대에 갔고, 친척집에서 기거하던 누나는 숙식을 제공해 주는 공장으로 들어갔다. 우린 마음 아픈 일은 서로 묻지 않아 깊은 속마음은 헤아릴 수 없지만 누나는 친척집이라 해도 눈치가 보여 공장 기숙사로 들어간 거 같았다. 맑고 순수한 소녀 나이인 중학생이 공장으로 들어갈 때 누나의 심정은 어떠했을지 지금도 그때 누나의 모습을 생각하면 심장이 저린다. 형과 누나를 생각하면 지독한 배고픔의 가난 속에서도 부모와 한 집에서 산 나와 동생은 그나마 행복했었다. 그래서 지금도 형과 누나를 보면 미안하고 마음이 아프다. 우리가 없었다면 형과 누나가 아버지 곁에서 살았을 텐데 말이다.

아버지가 남의 일을 봐주게 되면서 나와 동생은 다시 학교에 나가게 되었다. 너무 어려운 가정환경을 만든 아버지를 원망하면서도 한편으론 아픈 몸으로 무언가 해 보려 노력하는 아버지가 안쓰러웠다.

그래서 학업을 포기하고 누나처럼 공장이라도 들어갈까 고민을 많이 했었다. 하지만 그렇게 되면 당장 어려움은 극복하겠지만 다람쥐 쳇바퀴 도는 상황이 될 거 같아 어떻게 해서라도 고등학교는 졸업해야겠다고 결심했다. 고등학교는 나와야 직장다운 직장에 들어 갈 수 있을 거 같아 힘들더라도 나중을 생각하면 그 방법이 최선인 거 같았다.

정말 어렵게 중학교를 졸업하고 야간 공고를 지원했다. 신문 배

깡 하나로 美친 꿈을 이루다

달, 페인트공장, 철공소 등 일자리가 나는 곳은 어디든 찾아다니며 등록금을 벌어 학교를 다녔다. 그런데 너무 못 먹고, 잠을 못 자 과로에 영양실조가 겹쳐 쓰러지고 말았다. 주변에서는 휴학을 하며 몸을 돌보라고 권유했지만 난 자리에서 벌떡 일어났다. 차라리 죽는 게 낫겠다는 생각을 수없이 했었기에 이리 죽으나 저리 죽으나 마찬가지라면 해 보는 데까지 하고 싶었다.

씩씩한 척하며 살았지만 마음속으로는 늘 '죽고 싶다'를 외치며 살았다. 사실 자살까지 생각했지만 나 때문에 더 고생한 형과 누나를 생각하니 너무 염치없는 짓 같았다. '자살'의 반대는 '살자'이듯 난 힘닿는 데까지 해 보자는 결심을 했다. 병원 갈 형편이 아니었기에, 아니 병원에 가서 영양제는 맞을 수 있었지만 한 푼이라도 아쉬워 밥으로 영양을 채우려 했다.

쓰러지고 일어서는 오뚝이가 되어 고등학교를 졸업하고 조선공사에 들어갔다. 기술이 있어야 밥을 안 굶을 수 있다는 생각으로 기술직을 선택했다. 번듯한 회사에 들어가고 나니 공부를 더 하고 싶다는 욕구가 생겼다. 학구열이 불타서는 아니었다. 그래도 전문대라도 대학은 나와야 조금 더 인정받을 수 있겠다는 생각이 들어서였다. 직장을 다니며 야간 전문대 기계설계학과를 지원했다. 일을 배우며 환경 적응하기도 힘든데 밤에는 학교를 가다보니 과로로 다시 쓰러졌다. 약을 먹어가며 다시 일어나 정신을 차리고를 반복하며 전문대를 무사히 졸업했다.

내 작은 꿈이 이루어졌다고 졸업장을 어루만지며 기쁨의 눈물을 흘렸던 그때의 감정은 지금도 잊을 수가 없다. 주경야독으로 고등학교를 다니며 영양실조와 과로로 몇 번 쓰러졌기에 주변에서는 직장 생활만 열심히 하라며 야간대 다니는 걸 만류했었다. 하지만 전문대라도 대학 졸업장을 가져야 한다는 결연한 의지가 내 체력한계의 버팀목이 되어 주었다. 그래서 더 큰 성취욕과 희열을 느꼈을지도 모른다.

눈앞에 보이는 고난을 넘기기 위해 미래를 포기하는 사람이 많다. 고난과 역경 앞에서 미래를 볼 수 없는 건 당연하다. 하지만 눈앞의 현실에 무릎을 꿇어버리는 사람과 현실을 돌파하며 미래를 찾는 사람과의 차이는 크다. 한순간의 선택이 미래를 좌우한다.

힘들지 않다. 힘들어지면 죽고 싶어지지만 힘든 상황에 조금 더힘든 건 크게 피부로 느끼지 못한다. 힘들 때일수록 편안해지는 상황을 상상하지 말고 힘듦 속에 더 큰 시너지를 낼 수 있는 방안을 생각해 보자. 그리고 젖 먹은 힘까지 짜내 앞으로 나아가보자. 그큰 고통의 시간이 더 달콤한 희열을 맛보게 할 수 있다.

05

간절한 美친 꿈

1977년도 대기업에 입사하며 사회에 첫발을 내딛었다. 조선공사에 들어가자 친구들이 부러워했다. 어려움 없이 공부만 할 수 있었던 친구들이 취업을 못 한 걸 보며 전화위복이 되었다고 생각했다. 난 그 친구들이 너무 부러웠는데, 친구들 뿐만 아니라 친구 부모님들까지 날 부러워하니 내 자신이 얼마나 대견스러웠는지 모른다. 대기업이라는 타이틀은 내게 큰 의욕과 생동감을 불어넣어주었다. 그래서 쓰러지면서도 야간 대학을 다닐 수 있었던 거 같다. 많은 직원들 사이에서 두드러지는 사람은 못 되더라도 묻히는 사람은 되고 싶지 않아서 열심히 공부해야 한다는 의지가 발동되었던 거 같다.

　형제들이 모두 돈을 벌게 되어 우리 가족들은 꿈에 그리던 가정의 모습을 연출하게 되었다. 가족들이 모여 웃으면서 '고생 끝에 낙'이라는 말을 편하게 할 수 있는 환경이 되었다. 눈물을 삼키는 웃음, 우린 그 웃음 속에 묻힌 슬픔을 더 이상 꺼내지 말자고 했다.

그렇게 평화로운 생활을 하던 중 누나와 형이 결혼을 했다. 형은 월셋집을 얻어 결혼했는데, 우리 삼형제는 돈을 모아 차례대로 집 장만을 해주기로 무언의 약속을 했다. 셋이 어느 정도 모아진 돈으로 일단 형의 월셋집을 전셋집으로 옮겨주었다. 그 다음 내가 결혼을 하게 되면서 전세로 신혼집을 마련했고 동생도 셋이 돈을 모아 보금자리를 마련해 주었다.

지긋지긋한 생활 속에 우리에게 남겨진 건 끈끈한 형제애였다. 가끔 재산 때문에 형제의 난을 겪는 기사나 뉴스를 보면서 만약 저런 환경 속에 자랐다면 우리 형제도 그럴까 하는 의구심이 생겼다. 하지만 풍요롭게 살았다 해도 우리 형제는 그렇지 않다고 믿고 싶다. 아니, 확신한다.

살 만하면 이별이 온다는 말처럼 조금 편하게 모실 때가 되었는데 아버지가 먼 곳으로 떠나셨다. 자식들을 힘들게 하고 싶지 않다며 아픈 몸으로 돈을 벌기 위해 안간힘을 쓰는 모습을 보면 가슴이 쩡해져 '우리가 잘 모실게요.'라고 다짐했었다. 그런데 효도다운 효도를 해 드리지 못했는데 이별을 하니 너무 황망했다. 아버지가 멀리 가시고 나니 원망을 했던 것도 따뜻한 말 한마디를 건네지 못한 것도 너무 후회가 되었다.

'가족이 모두 모여 살고 밥걱정 안 하게 해주세요.'

어린 나이에 너무도 큰 산인 고난과 역경 앞에서 울 힘조차 없었던 난 힘들 때마다 두 손을 꼭 움켜쥐고 하느님, 부처님을 찾으며 간절히 빌었다. 그 소원이 이루어졌지만 내 마음 한구석은 늘 어두움이 드리워져 있었다. 탄탄한 대기업에 다니니 정년퇴직까지는 경제적 어려움 없이 살 수 있었다. 그런데 뭔가 비어진 부족함이 늘 내 마음을 허전하게 만들었다.

"내가 돈 많이 벌어 우리 형제들 아주 잘 살게 만들어 줄 거야."

형은 집을 나가고 누나는 친척집으로 갔을 때 동생을 데리고 나무를 하러 산에 올라 속으로 다짐했었다. 그런데 앞만 보고 달려오다 보니 그 다짐을 잠시 잊고 살았던 것이다.

어느 날 퇴근 후 친구와 소주 한잔을 하고 집에 들어가면서 문득 그 다짐이 떠올랐다.

'직장 생활로 내가 생각하는 대로 형제들을 잘 살게 해줄 수 있을까?'

월급을 받아 생활하고 내 아이들을 키우다 보면 내 목표와 다짐을 이룰 수 없다는 생각이 들었다.

"난 30억을 벌어야 해."

그때 왜 30억이라는 숫자가 떠올랐는지 모르겠지만 막연하게 그 돈이 있어야 우리 형제들이 남들보다 더 잘살 수 있을 거 같았다.

동생과 소주 한잔을 하며 내 계획을 이야기하니 동생은 크게 웃었다.

"형, 30억이 뉘 집 애 이름이야? 난 3억만 있어도 소원이 없겠다."

동생 말을 들으며 30억을 벌겠다고 생각하면 3억을 벌 수 있지만 3억을 벌겠다고 생각하면 3천만 원도 못 벌 수 있다는 생각이 들었다. 30억을 벌어야겠다고 생각한 게 86년도였으니 그 당시에는 1억만 있어도 내 형제들에게 좋은 집을 사 줄 수 있었던 같다. 하지만 난 집뿐만이 아니라 돈 걱정 없이 살 수 있게 만들어주고 싶었다.

직장인이 30억을 벌려면 요즘 같으면 매주 로또를 사 희망을 걸어 볼 수도 있겠지만 그 당시에는 그런 희망도 꿈꿀 수 없었다.

'30억.' 난 매일 속으로 부르짖으며 고민했다. 남들이 들으면 미친 꿈이라고 하겠지만 난 美친 꿈이라고 생각했다. 꿈은 꿀 수 있는 거니까, 간절하게 이루고 싶다면 방법이 생길 거 같다는 느낌도 들었다. 난 그냥 30억에 필이 꽂혀 입사 11년 만인 87년도에 과감히 사표를 던져 버렸다.

결혼 2년 차인 가장이 책임감 없다, 무모하다며 내 형제들도 난리를 쳤다. 하지만 난 사표를 되돌리고 싶지 않았다.

'정신이 나가 미친 꿈이 아닌 진짜 30억의 아름다운 꿈을 만들자.'

오로지 내 자산은 깡과 의지뿐이었다. 그리고 30억이라는 이름과 사랑을 나누고 싶었다. 그래서 매일매일 애인을 부르듯 속으로 30억을 외쳤다.

사업을 해야 내 아름다운 꿈을 이룰 수 있다는 목표를 세웠다. 하지만 대기업에서 한 직무만 했기에 사회를 알기 위해서는 일단 중소기업에 들어가 A부터 Z까지 배워야 할 거 같았다. 한곳의 소기업과 한곳의 중소기업에서 영업, 총무, 기술 등 선박구조물 하청 사업을 할 수 있는 모든 실무를 익히고, 92년도에 드디어 내 이름이 박혀 있는 사업자를 냈다. 그 들뜬 기쁨도 잠시 3개월 만에 큰 역경이 오고, 그걸 넘기니 또 고난이 닥치고, 부도의 위기까지 가게 되었지만 무릎 꿇지 않고 대항한 끝에 지금의 회사가 이루어졌다.

'30억' 꿈은 벌써 이루었다. 화폐가치가 달라져 지금은 30억이 그리 큰돈이냐 할 수 있겠지만 꿈을 꾸었을 때의 30억은 뜬구름 같은 금액이었다.

美친 꿈이라고 생각했던 꿈을 이룰 때의 그 성취욕은 말할 수 없이 크다.

천만 원만 있었으면 좋겠다는 생각이 든다면 일억을 벌겠다는 간절한 꿈을 꾸어라. 그리고 내게는 버거운 일억이니 그만큼 힘들어야 일억이 내 손으로 들어온다는 각오를 가져야 한다. 그렇지 않으면 잠시 미친 꿈을 꾼 게 되고 만다. 돈을 부르는 운은 자신의 생각과 마음에 달려있다고 생각한다.

06

백문이 불여일견

백문이 불여일견, 백견이 불여일행百聞이 不如一見, 百見이 不如一行. 백 번 듣는 것보다 한 번 보는 게 낫고 백 번 보는 것보다 한 번 행하는 것이 낫다는 말을 난 너무도 공감한다.

대기업에서 근무를 했지만 내 업무 외는 문외한이어서 사업 시작 전엔 영업부터 마케팅까지 실무를 익히는 것이 우선이었다. 책을 보거나 자문을 구할 수 있으나 실수를 줄이기 위해서는 내가 잘 알고 행하는 것이 중요하다고 생각했다. 물론 자본금도 없이 깡으로 시작하는 사업이기에 직원을 둘 수 있는 형편도 아니었다. 일인회사이니 내가 모든 걸 다 알고 있어야 일을 할 수 있는 상황이었다. 또한 내가 알고 있어야 사람을 다룰 수 있다고 생각했다.

그래서 밑바닥부터 다시 배우려 지인의 소개로 소규모 철공소에 들어갔다. 기술 영업과 경영 총괄 업무를 동시에 하며 사업 흐름을 배워나갔다. 이론적으로는 알지만 실전에서 응용하지 못하면 백해무익이 되는 것이다. 역시 이론적으로는 맞는데 일에 적용을 해 보니 맞지 않는 것들을 하나 둘씩 느끼면서 소기업에 들어오길 잘했다고 생각했다. 배운다는 자세로 일을 하니 새로운 의욕이 생겨 재미있었다. 그런데 작은 조직일수록 텃새가 세다는 걸 몰랐었다.

대기업 근무 경력으로 경영 총괄까지 맡았다는 게 오래 근무한 사람들에게는 거리감과 눈총이 되었다. 현장 반장들은 자신보다 어린 사람이 상급자로 오는 게 못마땅해 나와 신경전을 벌이려 했다. 권한을 빼앗기지 않으려는 듯 기 싸움을 걸기도 했다. 내게 감정을 갖는 사람은 현장 반장뿐이 아니었다. 사장이 내게 모든 걸 위임하다 보니 나보다 먼저 입사한 사무직원들도 내게 등을 돌리려 했다. 나와 사장 사이를 이간질시키거나 내 앞에서 대놓고 소리를 지르기도 했다. 지시를 따르지 않고 반박하는 일들이 자주 발생하자 솔직히 난 지쳐 갔지만 포기는 하지 않았다. 고민 끝에 난 그 사람들과 우호적으로 맞서 보기로 했다. 제일 먼저 현장에서 목소리가 가장 크고 권한 또한 많이 가진 현장 반장들과 퇴근 후 만나 대화를 나누었다.

"제일 큰 불만이 뭐고, 내게 원하는 것이 무엇입니까?"

깡 하나로 美친 꿈을 이루다

현장 반장들은 내가 낙하산처럼 들어온 자체가 불만이었지만 그 마음은 숨기고 회사에 대한 불만을 털어놓았다. 현장 직원들 마음은 헤아릴 줄 모르면서 사장 입장에서 일을 하는 내게 불만이 있었다고 털어났다. 얘기를 듣고 보니 현장 상황과 업무 고충을 이해하지 않은 내게 문제가 있다고 반성이 되었다. 내 실수와 잘못이라며 바로 사과부터 하니 현장 반장들은 당황해했다. 만약 따지고 들었다면 현장 반장과 대화를 이어나가지 못하는 상황이 발생했을지도 모른다.

　"앞으로 많이 가르쳐 주세요."

　내가 고개를 숙이며 나를 낮추자 현장 반장들이 오히려 미안해했다. 그날 이후 나와 현장 반장들은 스스럼없는 사이가 되어 조금씩 소통이 되었다. 그런 식으로 내게 불만을 품고 있는 직원들과 대화로 풀어나갔고, 회사에 대한 직원들의 불만을 모아 내가 사장과 협상을 벌였다.

　그 모습을 본 직원들이 내게 응원을 보내주었다.

　그렇게 그 직장에서 실무 외에 내가 모르고 넘어갈 뻔했던 인간관계의 실전을 배웠다. 돈 주고 살 수 없는 큰 교훈이었다.

　영업과 총무 일을 배운 후 조금 더 큰 중소기업으로 옮겼다. 내가 하고자 하는 사업의 핵심이 되는 기술 부분이었다. 배관자재 생산 공장에 기술 영업 부장으로 입사를 해 실무를 배웠다.

수업료를 내지 않고 돈을 받으며 실무를 배운 셈이다. 그렇게 마음을 다지며 사업 준비를 해 나갔다. 사실 사업을 한다고 대기업을 그만두었지만 자본금은 없었다. 소기업, 중소기업에서 일을 하며 실무를 익혔지만 아이를 둔 가장이었기에 월급을 사업자금으로 쓸 수가 없었다. 그래도 물건을 받아오려면 어느 정도 자금이 있어야 해 아내에게 생활비로 비축해 놓은 돈 150만 원을 사업자금으로 대 달라고 사정했다.

아내는 처음에 머뭇거렸지만 내 깡에 투자하겠다며 어렵게 돈을 내주었다. 나를 믿고 내준 150만 원이 지금의 성원기업 초기 자본금이다. 하지만 난 더 큰 든든한 자본금이 있었기에 용기가 죽지 않았다. 영업 일을 하면서 알게 된 사람들, 그 사람들이 가장 큰 사업 자본금이었다. 주변 사람들은 무슨 깡이냐고 놀라지만 꼭 이루겠다는 의지가 있으면 방법은 눈에 보이게 되는 셈이다.

친구 사무실 한쪽 책상을 빌리고, 내 성실과 정직을 담보로 물건을 받아 납품을 했다. 혼자 사장에 경리, 영업까지 모두 순조롭게 해 나갈 수 있었던 건 대기업 퇴직 후 두 회사에서 배웠기 때문이다.

그래서 백문이 불여일견, 백견이 불여일행百聞이 不如一見, 百見이 不如一行

깡 하나로 美친 꿈을 이루다

을 절실히 공감한다.

어디선가 아래 글을 보면서 고개가 끄덕여져 옮겨 보았다.

백상이 불여일행(百想이 不如一行 :백 번 생각하는 것보다 한 번 행하는 것이 낫다.)

백언이 불여일행(百言이 不如一行 :백 마디 말보다 한 번 행하는 것이 낫다.)

백사가 불여일작(百寫가 不如一作 :백 번 베끼는 것보다 한 번 만들어 보는 것이 낫다.)

07
채찍과 당근

채찍과 당근을 조화롭게 적절히 사용하지 않으면 말은 포악해진다고 한다. 이 말을 들으며 뭐든 과유불급이라고 생각했다. 아무리 좋은 것도 한쪽에 치우치면 균형 감각을 잃을 수밖에 없다는 말이다. 채찍을 많이 휘두르면 포악한 독재자가 되고, 당근을 너무 많이 주면 우유부단한 사람이 되어 상대를 리드할 수 없게 된다.

직원들을 닦달한다고 성과가 나는 건 아닌데 경기가 어렵거나 매출이 감소하면 직원들을 몰아붙이는 사장들이 많다. 사람인지라 어려움 속에서는 예민해져 감정 컨트롤이 어려울 수밖에 없다. 하지만 잘될 때보다 어려울 때 리더십은 발휘된다고 생각한다. 어려워지면 사장만 신경이 예민하고 힘든 건 아니다. 오히려 자신의 밥줄이 끊길까 두려워 마음 졸이는 직원들이 더 많다는 걸 오너들은

깡 하나로 美친 꿈을 이루다

간과하는 경우가 있다. 힘들 때 채찍을 들면 오히려 더 어려움 속으로 밀어 넣는 격이 되고 만다. 이럴 때는 채찍보다는 적절한 당근이 더 효과적이다. 당근이 꼭 물질적인 것만은 아니다. 따뜻한 말 한마디와 칭찬, 이거야말로 상대의 마음을 여는 요즘 아이들 말처럼 찐한 웰빙 당근이라고 생각한다.

난 채찍과 당근을 내 자신에게 적절하게 주려 노력해 왔다. 대부분 사람들은 반성과 후회를 많이 하지만 자신의 잘한 점에 대해서는 칭찬을 할 줄 모른다. 인간관계나 직원들을 리드하는 리더십보다 자신을 잘 다룰 줄 아는 셀프 리더십이 먼저라고 생각한다. 그래서 내 추진과 판단이 좋은 결과를 도출하면 내게 포만감과 건강을 흠뻑 느끼게 하는 싱싱한 당근을 주었다. 사고 싶었던 거, 사려고 마음먹었던 것을 내게 선물하기도 하지만 혼자 산에 올라가 막걸리 한잔을 마시며 내게 칭찬을 많이 해주었다. 칭찬이란 누구에게 받든 기분 좋고 활력소가 된다. 내 자신에게 엄지손가락을 번쩍 들어 올려 칭찬을 하고 나면 새로운 에너지가 솟아나곤 했다.

질책을 듣고 좋아할 사람은 없다. 남에게 질책을 들으면 기분 나쁘고 의기소침해지지만 스스로에게 듣는 질책은 반성과 후회의 시간이 되어 실수를 줄이고 변화에 한 발짝 나가게 하는 기회가 된다. 솔직히 내 자신에게 당근보다는 채찍을 더 많이 주긴 했지만 앞으로는 소소한 것에도 당근을 주려 한다. 그것이 요즘 말하는 소확행이 아닌가 싶다.

어느 지인이 인간관계에서 채찍과 당근은 '기브 앤 테이크'라고 했다. '주면 돌아와야 한다.', '준만큼 받아야 한다.'는 말이 좀 인간미가 없어 보이긴 하지만 인간관계에서는 필요한 덕목이라고 생각한다. 진정한 봉사 정신으로 베풀어 주었다면 테이크를 바라지 않지만 돌아오는 부메랑을 보고 일을 하는 경제활동에서는 필요한 공식이라고 본다.

채찍은 안이함에서 벗어나게 하지만 자주 들게 되면 자신감을 잃게 해 의욕상실을 야기시킨다. 당근은 보상심리를 충족시켜 주지만 그것만 바라는 욕구를 만들어 버릴 수 있기에 적절하게 주어야 한다. '테이크 앤 기브.' 난 이 말도 지키려 노력한다. '기브 앤 테이크'처럼 상대도 똑같이 느끼고 나를 평가할 수가 있다. '역지사지'이다.

누군가에게 받았다면 그 이상을 돌려주어야 좋은 관계를 유지할 수 있다. 받은 걸 당연히 생각한다면 상대는 '여기까지'라고 판단을 내릴 수 있다. 상황에 따라 다르지만 물질적으로 기브할 게 아니라면 말로도 할 수 있다. 감사의 표현은 타이밍을 놓치면 안 하니만 못하다. 받은 만큼 말로든 물질이든 돌려줘라. 그건 상대에 대한 배려와 보상이다. 그걸 모르는 사람이라는 평가는 전혀 예상치 못한 일로 부메랑이 되어 돌아오게 할 수도 있다.

그리고 상대에게 환심을 사려 말로 당근을 주어선 안 된다. 리더십이 강한 사람은 말로 사람의 마음을 사려 하지 않는다는 걸 알아야 한다. 말보다 행동이 앞선 사람이 리더십이 강한 사람으로 평가받는다.

달콤한 말을 던져 상대를 조정해 보려 하는 것이 습관이 되어 있다면 자신의 그 달콤한 말이 자신에게는 극약으로 돌아올 수도 있다는 가정도 생각해 보아야 한다. 한 번은 애교로 넘어갈 수도 있겠지만 두 번 세 번이 되면 양치기 소년이 되어 스스로 사면초가를 만들어 버릴 수도 있다는 걸 알아야 한다.

내 자신이 조금 느슨해졌다고 느끼면 난 어려웠던 시절을 떠올린다. 그때 내 초심이 무엇이었는지 생각해 보고 저하된 의욕에 채찍을 든다. 이제는 먹고 싶으면 언제든 당근을 먹어도 되지 않을까 하는 생각도 했었다. 하지만 100세를 사는 이 시대에 당근만 찾으려 한다면 사회에 뒤처져 합병증에 걸릴지도 모른다는 생각이 들었다.

과유불급過猶不及. 아무리 좋은 것도 넘치면 병이 된다. 적절한 채찍과 당근 사용이 자신의 정신 건강과 힘찬 미래를 만드는 길이다.

08

유전자를 지배하는 생각

어느 날 갑자기 '생각도 유전자이고 타고 나는 것일까?' 하는 의문이 생겼다. 생각은 환경에 의해 변할 수 있기에 타고난 것은 아닐 거라고 생각했었다. 그래서 인터넷을 검색해 보니 생각이 유전자를 변화시킨다는 연구 발표가 있어 깜짝 놀랐었다.

'생각이 유전자를 바꾼다.'

그래서 생각을 바꾸면 미래가 달라진다는 말이 나온 거 같다.

다음은 인터넷에서 찾아본 내용이다.

〈자신의 DNA가 들어 있는 핵을 제거해도 세포는 2달 이상을 죽지 않는다. 이것은 유전자 없이도 세포는 모든 삶의 행동을 할 수 있다는 뜻이다. 핵이 없는 세포가 어떻게 조절될까. 세포막은 스위치 센터(수용체)인데 여기에는 수많은 스위치가 있지만 신호에 의해서 일단 스위치가 작동만 하면 그 다음의 대사과정은 스위치의 종류에 관계없이 동일해진다. 스위치를 작동할 수 있는 신호의 종류에는 분자뿐만 아니라 감정의 에너지를 포함하여 전자기적 에너지도 포함된다. 이것은 유전자가 아니다. 삶에 대한 한 사람의 태도는 세포에 중대한 영향을 미칠 수 있다. 긍정적으로 사는 사람의 세포는 항상 웃게 될 것이고, 세상을 부정적으로 사는 사람의 세포는 항상 울게 된다.〉

대략 간추려 봤다. 난 이 내용을 보면서 타고난 유전자를 지배하는 사고, 생각이 얼마나 중요한지를 느꼈다.

생각이 바뀌면 행동이 바뀌고
행동이 바뀌면 습관이 바뀌고
습관이 바뀌면 인격이 바뀌고
인격이 바뀌면 운명이 바뀐다.

심리학자 윌리엄 제임스 말대로 생각이 운명까지 바꿀 수 있다고 생각한다.

찢어지는 처절한 가난이 없었다면 현재 난 어떤 모습일까. 공무원, 의사 등 다른 직업을 가지고 지금보다 더 나은 삶을 살고 있을지도 모른다. 또 반대로 특색 없이 묻혀 살다 그럭저럭 나이를 먹어가는 모습일 수도 있다.

대부분 경험해 보지 않은 삶은 지금보다 더 나을 수도 있다고 생각하며 현재 삶을 부정적으로 바라보기도 한다. 하지만 난 어린 나이에 감당하기 어려운 고난과 역경이 없었다면 삶에 대한 의미를 갖지 않고 살았을 거 같다. 그렇다면 현재 결과는 불 보듯 뻔하다. 허황된 꿈일지라도 꿈은 꿈인데, 난 그것조차 꾸어보지 않고 건조한 삶을 살았을지도 모른다. 다른 형제가 아닌 내가 30억을 벌어 내 형제들이 그냥 편하게 사는 것이 아닌 다른 사람들보다 더 잘 살게 해주어야지 하는 꿈, 남들은 나를 비웃었지만 난 그 꿈을 꾸며 가슴이 벅찼었다. 정말이지 상상만 해도 심장이 들뜰 정도로 행복했다. 그리고 그것이 현실이 되었을 때 느낀 성취욕은 말로 표현할 수가 없다.

관상을 지배하는 게 심상이라고 한다. 마음가짐에 따라 관상이 바뀌는 것이다. 오랜 세월이 지나고 만난 동창들을 보며 '성공한 거같다.', '힘들게 사는 거 같다.'라고 느끼는 건 그 사람의 외적인 것보다 얼굴에 드러난 흔적을 보며 평가하게 된다. 좋은 명품으로 휘감아 포장은 할 수 있어도 드러나는 내면을 바꿀 수는 없다.

관상을 바꾸는 심상, 마음가짐은 사고와 연결되고 그것이 행동으로 이어진다고 생각한다. 물론 추진력이 없어 행동으로 옮기지 못하는 사람도 있지만 목표에 대한 끊임없는 생각은 느림보 거북이처럼 한걸음, 한걸음 실천에 옮기게 할 수 있다.

이 글을 쓰면서 이제는 더더욱 내 얼굴에 책임질 나이가 되었다는 걸 새삼 깨달았다. 돈을 많이 번 관상이 아닌 늘 새로움에 발 맞추어가는 생동감, 목표를 가진 열정감, 남을 배려할 줄 아는 어진 관상을 만들고 싶다.

면접을 볼 때 아무리 열심히 한다고 주먹을 쥐어도 진짜 성실하고 책임감 있는 사람인지가 보이는 것은 살아온 연륜이 있기 때문이다. 젊은 시절엔 선배들이 이런 말을 하면 웃고 넘겼었다. 그런데 막상 나이가 들고 보니 관상학을 배우지도 않았는데 상대의 말투와 표정으로 대충 그 사람을 평가하는 눈이 생겼다.

성실함, 의욕감은 눈빛과 얼굴에 묻어난다는 것을 생각해 보고 말뿐이 아닌 타인이 그렇게 평가해 주게 만들도록 노력해야 한다. 나도 오늘부터 한 번 더 내 얼굴을 점검해 보려 한다.

이제는 대충은 알 거 같다는 자신감이 자만심으로 번져 건방진 사고와 상이 되지는 않았는지 은근히 걱정이 앞서기도 한다. 그래서 자주 자신을 돌아보는 것이 나쁜 경계선을 넘지 않는 방법인 거 같다.

09
부모님이 남겨주신 유산

부자 아빠, 가난한 아빠라는 책을 읽으며 이 말에 깊은 공감을 했다.

빚도 유산으로 자식에게 물려주게 된다. 자식에게 빚을 남겨주고 싶은 부모가 어디 있을까. 빚을 물려받아 상속 포기를 한 자식 입장에서는 부모님이 어려움 속에 돌아가셨다고 이해하며 가슴 아파할까. 장례를 치르는 동안은 헤어짐에 슬프겠지만 막상 빚을 안게 되는 현실에 직면하면 슬픔보다 원망이 앞설지도 모른다. 물론 부모 자식 간의 정과 관계에 따라 달라지겠지만 대부분 그럴 거라 생각된다. 많은 빚을 남기고 돌아가신 부모님 때문에 가난에 허덕이게 된다면 살아가면서 원망은 깊어지게 된다. 그래서 난 우리를 가난 속에 살게 했지만 그래도 빚은 남겨주지 않은 아버지에게 감사했다. 그리고 내 자식에게도 그런 걱정과 부담을 주지 말아야 한다는 강한 의지를 갖게 되었다.

깡 하나로 美친 꿈을 이루다

얼마 전 군함도라는 영화를 보면서 아버지 생각에 눈물을 흘렸었다. 징용 생활이 힘들었을 거라고 짐작은 했지만 막상 영화에서 실체를 보니 어떻게 저런 생활을 견디어 냈을까 싶어 가슴이 아팠다. 아버지는 험한 징용 생활을 하셨기에 산에 끌려가 심한 고문을 받아 거동까지 불편해졌지만 이를 악물고 스스로 재활하며 이겨 나가지 않았나 생각되었다. 아버지는 자신이 가장의 역할을 제대로 하지 못해 자식들이 어렵게 사는 게 마음이 아파 다리를 절면서도 일을 찾아다니셨다. 어린 시절에는 그런 아버지 모습을 보면서 마음이 아프기는 했지만 한쪽 마음에는 당연한 거라고 생각했다. 자식들이 불행하게 사는데 부모라면 그 정도는 당연한 거 아닐까.

그런데 내가 아비의 위치가 되고 보니 그때 아버지의 심적 고통이 얼마나 컸을지 상상이 되어 더 가슴이 아프다. 아버지라는 위치의 짐이 얼마나 크고 무거운지 그걸 느낄 때가 되니 아버지 생각이 많이 나는 건 사람이라 어쩔 수 없는가 보다.

70, 80년대에는 어려운 집안에 사는 아이일수록 공부를 잘해 의사나 판검사가 되어 집안을 일으키는 사례가 많았다. 그런 경우는 가난이 대물림되지 않지만 그렇지 않은 경우는 가난에서 벗어날 수 있는 힘이 없었다. 지금도 그렇지만 기본 없이는 잘 살 수 있는 방법이 많지 않다. 개미처럼 열심히 일해서는 가진 사람들을 따라

잡을 수 없기 때문이다. 진짜 행운이 찾아와 로또 1등 당첨이 되는 경우도 있다. 그런데 1등 당첨된 사람들이 몇 년 후에는 더 가난하게 산다는 뉴스를 본 적이 있다. 이건 무엇을 뜻하는가. 노력하지 않고 가진 돈은 쉽게 날아갈 수 있다는 말이다. 노력해 힘들게 번 돈은 가볍게 취급할 수가 없다.

〈부자는 자산을 산다. 가난한 이들은 오직 지출만을 한다. 중산층은 부채를 사면서 그것을 자산이라고 여긴다.〉

부자 아빠, 가난한 아빠 책에 서술했듯 돈에 대한 개념이 다르기에 돈을 다루는 방법도 달라지는 것이다.

'로또 1등만 되면.'
이런 생각으로 1등이 된 사람들이 그 돈을 자산으로 만들려 할까. 일단 지출부터 생각하게 되고, 버는 것보다 쓰는 것이 훨씬 쉽고 행복하기에 얼마 못 가 깡통 통장이 되고 만다.

열심히 나무와 쑥을 캐 팔아도 쌀을 살 수 없어 허망함을 느끼고 동생에게 하루만 굶어보자고 했다. 가족들이 하루 밀가루 죽을 안

돈 주고 살 수 없는 정신과 태도는
내 아버지에게 물려받은
값진 유산이라고 생각한다.
고통은 정신을 무장시켜 주었고,
가난은 그것과 싸울 수 있는
태도를 만들어 주었다.

성공 DNA

먹으면 밀가루 1봉지 값이 손에 남게 된다. 그리고 다음 날 나무와 쑥을 팔아 또 밀가루 1봉지 값이 생기면 돈을 모아 쌀을 샀다. 비록 배불리 먹을 양의 쌀은 아니었지만 배가 금방 꺼지는 밀가루 죽보다는 쌀 죽, 쌀밥이 배를 더 든든하게 해준다는 걸 깨달았기 때문이다. 여러 고통 중 배고픔의 고통이 가장 크지만 그 고통이 잠시 지나면 배고픔을 못 느낀다는 사실도 알았다. 난 그때 고통을 이기는 방법, 효과적으로 지출하는 방법을 스스로 깨우친 거 같다. 그것이 나중에 사업을 할 때 많은 도움이 되었다.

돈 주고 살 수 없는 정신과 태도는 내 아버지에게 물려받은 값진 유산이라고 생각한다. 고통은 정신을 무장시켜 주었고, 가난은 그것과 싸울 수 있는 태도를 만들어 주었다. 그런 시절이 없었다면 내게 그것이 주어졌을까. 이제야 값진 것을 내게 물려주신 내 아버지에게 진심으로 고개 숙여 감사드린다.

나 또한 내 자식들에게 값진 유산을 남겨 주고 싶다. 큰아들은 나와 같은 엔지니어 일을 하지만 내 회사에 입사시키지 않았다. 재벌 2세가 단단한 기업을 물려받지만 몇 년 만에 망하는 기사를 간혹 접하면서 내 자식은 저렇게 만들지 않겠다고 다짐을 했다. 내 회사를 아들에게 물려주는 건 오히려 자식의 앞길을 망치는 길이라 생각한다. 아내와 아들이 처음에는 서운해 했지만 지금은 내 깊은 뜻을 이해해 주어 너무도 고맙다. 두 아이들이 스스로 자신의 삶을 개척해 나가길 바란다. 위기와 난관 앞에서 나를 생각하며 백기를 들지 않았으면 좋겠다. 투철한 의지와 강인한 정신을 유산으로 물려주고 싶다. 내 아이들이 이 책을 읽으며 내 깊은 뜻을 잘 헤아리고 자신의 자식들에게 훌륭한 정신을 이어줄 수 있는 아버지가 되도록 최선을 다했으면 좋겠다. 내가 아버지에게 감사하듯 내 아들들도 내 나이가 되었을 때 나를 생각하며 감사한 마음이 들 정도로 의미를 갖는다면 진짜 잘살다 간다고 내 삶에 만족할 거 같다.

10 마음의 빈곤이 더 부끄럽다

다른 아이들처럼 학교를 못 가는 것도 속상하고 마음이 아팠는데, 밀가루를 사기 위해 나무와 쑥을 캐러 가는 모습을 친구들에게 처음 들켰을 때는 창피함보다 너무 당황해 동생 손을 잡아끌고 도망치듯 뛰어갔었다. 친구들과 마주치지 않는 시간을 따져 산에 갔지만 우연히 만나게 되면 창피함에 얼굴이 홍당무가 되었다. 창피해 붉어진 얼굴을 보이지 않으려 고개를 푹 숙이고 산에 오를 때의 처참한 심경은 아주 오랜 세월이 지났지만 아련하게 느껴진다. 너무 가슴 아픈 일은 아무리 긴 세월이 지나도 좀처럼 지워지지 않는다는 말이 맞는 거 같다. 이제는 가물거릴 만큼 세월이 지났는데도 미세하지만 심장에 느껴지니 말이다.

어린 나이였기에 배가 고픈 가난보다 학교를 못 가고 한 끼를 위해 나무를 하러 산에 가는 상황이 더 창피했던 거 같다.

가끔 산을 오르내릴 때 친구들을 만날까 봐 초조한 마음으로 두리번거리며 산에 오르내리던 소년의 모습이 눈에 아른거려 마음이 착잡해지며 눈시울이 붉어진다. 장발장처럼 배가 고파 남의 빵을 훔친 것도 아닌데 왜 죄인처럼 고개를 숙이고 부끄러워했을까. 그때의 소년 모습을 만난다면 '가난은 죄가 아니야'라고 말해주고 싶다. 하지만 다시 시간을 돌린다 해도 그 소년은 가난을 부끄러워하며 고개를 숙일 거 같다. 부끄러움을 떨쳐 낼 용기가 없는 나이였으니까.

　노력해서 얻은 가난이 아니기에 불편했지만 결코 부끄러워하지 않았다는 철강 왕 앤드루 카네기 글을 보며 역시 성공인의 사고는 다르다고 생각했다. 어린 나이였기에 창피한 모습을 친구들에게 들켰을 때 부끄러워할 수밖에 없다고 생각하며 그 소년을 포용했지만 난 왜 카네기 같은 생각을 못했을까 아쉬웠다. 그랬다면 그때부터 아름다운 미래를 상상하며 더 큰 꿈을 꾸었을 텐데 하는 생각이 들어서이다.

　부모님에게 가난을 대물림받았다면 카네기 말처럼 그건 스스로가 얻은 가난이 아니기에 더더욱 부끄러워하며 기죽을 필요가 없다. 자신의 과오가 아닌데 잔뜩 주눅 들어 있다면 그 가난을 헤쳐나

가는 힘을 잃게 된다. 그러다 보면 쳇바퀴 돌듯 그 가난에서 헤어 나오지 못하게 되는 과오를 저지를 수 있다.

배가 고파도 자존감까지 빈곤하게 만들어서는 안 된다. 호랑이는 굶주려도 풀을 뜯어 먹지 않는다는 말이 있지 않은가.

'돈만 없지 자존감, 꿈과 미래는 있다'는 생각을 가진다면 배고 픔도 잊게 될 것이다. 배부른 상상은 현재의 빈곤도 풍요롭게 해 줄 수 있는 힘이 된다. 그냥 가난이 아닌 처참한 가난이라는 표현이 더 맞는 상황을 견디면서 나름 내가 마음까지 빈곤해지지 않으려 해 본 방법이다.

카네기는 자신의 성공 비결이 가난한 집의 아들로 태어났기 때문이라고 한다. 난 이 말에 너무 공감했다. 그냥 가난이 아닌 마음까지 너덜너덜해질 정도의 처참한 가난이 풍요로운 생활을 꿈꾸게 만들었기 때문이다. 남들보다 조금 못 사는 정도였다면 미친 꿈이라고 놀리는 꿈을 진짜 美친 꿈으로 만들지 못했을지도 모른다.

가난, 빈곤이 자신에게 왔다면 부끄러워하지 마라. 부끄러워할수록 자신감이 아닌 자존감만 떨어지게 할 뿐이다. 자존감 상실은 주체성까지 잃게 할 수 있다.

가난, 빈곤의 늪에 잠시 빠졌다고 생각하며 어떻게 해야 더 깊이 빠지지 않고 탈출할 수 있을지 고민해 보자. 그 늪만 빠져 나가면 풍요로움 이상의 세상이 내게 펼쳐진다고 상상해 보자. 상상만으로도 가슴이 벅차오르지 않는가. 간절하면 상상이 현실이 될 수 있다. 아니, 분명히 된다. 이건 내가 해 보았기에 확고하게 말할 수 있다. 난 너무도 절실하고 간절하게 매일 꿈을 꾸었기에 이루었다고 확신할 수 있다.

부끄러운 건 가난이 아닌 마음이 빈곤한 거다. 미래를 보지 않고 현재 가난에 부끄러워하며 무릎 꿇지 마라. 그것이 더 큰 가난을 몰고 오는 실수를 범하게 할 수 있기 때문이다.

점점 작아지는 어깨를 활짝 펴야 빈곤을 채울 수 있는 방법과 힘을 얻을 수 있다. 자신감과 희망을 잃은 사람을 도와주고 싶겠는가. '현재는 배가 고프지만 미래까지 빈곤하지는 않다'는 결연한 의지를 품은 사람은 눈빛과 자세가 다르다. 잔뜩 주눅이 들어 작아져 있다면 스스로에게 희망과 의지를 불어넣어주자. 그것이 꿈을 꿀 수 있는 희망을, 꿈을 이룰 수 있는 의지를 준다는 사실을.

11
후회보다는 반성

후회 없는 삶이 있을까.

잘한 것도 지나고 나면 뭔가 모자라는 거 같아 후회가 되는 걸 보면 백 프로 만족이란 없는 건가 하는 생각이 들 때도 있다. 스스로 잘했다고 칭찬해 주며 만족하면 현재에 안주하게 된다는 말을 듣고 고개를 갸우뚱했었다. 물론 쉽게 만족하는 건 현실안주가 되지만 잘한 것도 굳이 좀 더 잘할 수 있었을 텐데 아쉬워하며 채찍을 드는 건 오히려 의욕 저하를 불러일으킬 수 있다고 생각한다.

긴 세월을 살아보니 뭐든 지나고 나면 만족보다 아쉬움과 후회가 더 많이 남는 거 같다. 사람 성향에 따라 다르겠지만 후회가 의욕 저하뿐 아니라 심하면 자학까지 하게 될 수 있다고 생각한다. 자신에 대해 부정적 평가와 사고에 빠진 사람은 '난 왜 하는 것 마다', '늘 후회만 앞서네.' 이런 생각을 되새긴다. 나도 한때는 그런 생

깡 하나로 美친 꿈을 이루다

각에 사로잡혀 내 자신을 닦달했다. 빨리 내 꿈을 이루고 싶어 안달이 날 때는 더 그런 생각에 빠져 스스로를 괴롭혔다. 후회를 해야 자극을 받아 앞으로 나아가는 힘을 발휘한다고 생각했는데 지나고 보니 오히려 의욕과 열정을 냉각시키는 역효과가 더 컸던 거 같다.

어느 날 '그건 아니었어.'라고 후회를 하다 문득 반성과 후회의 차이가 뭘까 하는 생각이 들었다. 곰곰이 생각해 보니 후회는 나 자신을 주눅 들게 만들 때가 많았다. 왜냐하면 후회를 하면 새로운 사고나 방법을 모색하기보다 내 자신을 꾸짖게 되니까 말이다. 하지만 반성을 했을 때는 사고와 방법을 바꾸려 했었다는 것이 떠올랐다. 그런 차이를 느낀 이후 후회가 아닌 반성을 하려 노력했다.

-후회가 아닌 반성을 하자.
후회를 하면 머리를 쥐어박지만 반성을 하면 왜 잘못했는지 냉철히 파악해 보고 다시는 같은 잘못을 하지 않는 방법을 떠올리며 주먹을 쥐게 된다.

-'사람을 잘못 봤어.' 사람으로 인한 상처는 깊이에 따라 쉽게 회복되기 어려울 때가 있다.

사람으로 인한 큰 상처는 대인 관계 기피증으로 이어지기도 한다. 심하진 않았지만 한때 사람에게 큰 상처를 받고 사람이 무섭다는 생각이 들어 사람들을 멀리하려 했던 적이 있었다. 그러다 좋은 사람들까지 놓치게 될 거 같아 객관적 사고로 사람 보는 눈을 가지려 노력했었다.

사람을 잘못 만나 인생을 망치는 사람들을 흔치 않게 보면서 나도 모르게 경각심을 갖고 내 잣대로 틀을 쳐 버리기도 했던 거 같다. 하지만 한번 잘못 본 실수를 자학하지 말자. 잘못 본 이유와 상황을 잘 파악해 반성하며 똑같은 실수를 범하지 않으면 된다. 오히려 그런 계기로 사람 보는 눈이 더 정확해졌으니 감사하다고 생각하면 스트레스나 두려움을 갖지 않게 될 가능성이 높다. 자라보고 놀란 가슴 솥뚜껑 보고 놀란다는 말처럼 지레 겁먹을 필요는 없다.

생김새와 마찬가지로 비슷하지만 전혀 다른 사람도 많다. 사람 때문에 생긴 상처는 후회를 하면 더 깊어지지만 반성을 하며 그런 부류의 사람을 만나면 어떻게 대처할지 처세방안을 모색하면 똑같은 상처를 받지 않는다. 모르면 당하지만 알면 대처할 수 있기 때문이다.

예능 프로에서 '일요일마다 교회에 가서 참회하려 아내가 하지 말라는 짓을 한다'는 한 개그맨 말을 듣고 크게 웃은 적이 있다. 습관적으로 아내가 싫어하는 짓을 하면서 하느님 앞에서 참회를 한다고 아내에게 능청을 떠는 개그맨을 보며 현명한 사람이라는 생각을 했다. 신앙심이 깊은 아내는 오히려 그런 남편을 기특하게 생각할 테니 말이다. 미운 짓을 하면서도 사랑받는 법이라는 생각이 들어 절로 고개가 끄덕여졌다.

후회와 반성, 어느 쪽에 치우친 삶을 사는지 돌아보자. 글을 쓰며 내 자신을 객관적으로 파악해 보니 아직도 난 반성보다 후회를 하며 한숨짓는 일이 더 많은 거 같아 다시 사고를 정립해 보려 한다.

내 자신을 핍박하는 후회가 아닌 바뀌는 계기가 되는 반성을 하도록 노력해야겠다. 이 책이 나오고 나면 좀 더 잘 쓸걸, 다른 방향으로 썼으면 하는 후회보다는 부족한 부분에 대한 반성을 하며 다음 책을 기획해 보려 한다. 분명 첫 책이라 만족보다는 후회가 클 게 분명해 미리 반성해 보려 한다.

물론 요즘 아이들 말로 자뻑을 한다면 큰 자축을 할지도 모르지만.

2
PART

꿈을 꾸는 자,
꿈을 잡는 자

인생은 B(Birth)와 D(death) 사이의 C(choice)다.

-장 폴 사르트르

01

꿈을 꾸니 생각이 달라졌다

죽고 싶을 만큼 힘들 때를 벗어나니 우울증과 공황장애가 왔다는 한 지인의 말을 듣고 생각을 더듬어봤다. 나 역시 당장 눈앞에 펼쳐진 끼니 걱정을 할 때는 너무 버겁고 힘들다는 생각밖에 없었던 거 같다. 그러다 끼니 걱정은 없어졌지만 삶이 너무 고달프다고 느끼니 죽고 싶다는 생각만 들어 우울증에 빠졌었다. 진짜 절박할 때는 오로지 그것에만 신경이 몰두해 있어 우울하다는 감정조차 느낄 수 없는가 보다.

요즘은 우울증을 흔한 질병으로 보지만 그때는 정신과는 정신 이상자만 가는 걸로 아는 시대여서 우울하거나 공황장애 증상이 있어도 병원을 찾는 사람은 거의 없었다. 그래서 우울증, 공황장애 이런 병명을 알지도 못했다. 많은 사람들이 너무 힘들어서 죽고 싶어지는 건 우울해서 그렇다고 생각하며 살았다. 그러다 정신적으로 이기지 못하는 사람들은 극단적인 선택을 해 버렸다.

　낮에 일하며 야간 고등학교를 다니다 보니 잠도 부족하고 제대로 먹지 못해 영양실조와 과로에 쓰러지는 일이 몇 번 있었다. 이렇게 살아 뭐하나 하는 생각만 들어 자살 생각을 머리에 담고 살았었다. 너무 힘들 때는 눈이 떠지지 않고 죽어 있었으면 좋겠다는 생각을 밤마다 했던 거 같다. 어떻게든 살아보려 했지만 희망이 보이지 않을 때의 참담한 심정은 말로 표현할 수가 없다.

　'인명은 제천'이라는 말처럼 체력이 바닥이 나서 쓰러지면서도 죽지 않는 내 육신을 보며 '죽지도 않고 어차피 살아야 한다면 한번 잘 살아보자' 다짐을 했다. 모 아니면 도라고 죽어서 현실의 괴로움을 벗어나지 못한다면 그 괴로움과 싸우는 방법밖에는 없었다. 싸우다 저절로 죽게 되는 것이 괴로움을 가장 쉽게 벗어나는 거라 생각했다.

　어렵게 전문대를 졸업하고 나니 부족한 잠을 채울 수 있었다. 그러다 보니 바닥난 체력도 조금 회복이 되어 삶의 의지가 다시 생겨났다.

　'너무도 어렵게 살아 우리 형제들이 받은 마음의 상처와 한을 풀기 위해서는 남들보다 더 잘 살아야 한다.'는 생각으로 30억 꿈을

72　　　　　　　　　　　　　　　　　　깡 하나로 美친 꿈을 이루다

꾸게 되었다. 내가 그 보상을 해주고 싶은데 좋은 직장을 다녀도 월급만으로는 불가능했다. 학연, 지연이 좋아 초고속 승진을 한다 해도 나와 내 형제들이 남들보다 잘살게 해줄 수는 없었다. 더군다나 난 오로지 성실하게 열심히 하는 것 외는 든든한 끈도 없었다. 아무리 열심히 해도 내가 올라갈 수 있는 한계가 있었고, 내 가족들은 그럭저럭 넉넉하게 살 수는 있겠지만 내 형제들의 한을 풀어주고 싶다는 내 바람은 이룰 수 없을 거 같았다.

그래도 난 간절한 마음으로 '30억'을 외쳤다. 30억을 모으려면 한 달에 얼마를 벌어야 한다는 그런 구체적인 생각은 하지 않았다. 중요한 건 내가 직장생활로는 불가능이라는 걸 인지하고 그 꿈을 위해서는 무엇을 어떻게 해야 할지 고민하기 시작했다. 그러다 보니 30억을 버는 방법이 눈에 들어오기 시작했다. 직장생활을 때려치워야 내 꿈이 이루어진다는 생각만이 내 머리를 가득 메웠다. 그래서 앞뒤 생각 없이 사표를 던졌다. 배운 게 도둑질이라는 말처럼 내가 아는 일을 해야 성공으로 갈 수 있다는 생각으로 배관자재, 벨브 이런 아이템으로 사업을 시작하기로 마음먹었다. 그리고 어린아이가 한 발자국씩 발을 떼듯 앞으로 나아가려면 경영, 영업, 기술 모든 부분을 마스터해야 한다는 목표를 세우고 의지에 불을 지폈다.

그렇게 매일 속으로 부른 30억 꿈이 정말 꿈처럼 현실이 되고 나니 간절한 꿈은 이루어진다는 말이 책에서만 나오는 좋은 말이 아니라는 걸 깨달았다. 어려운 시절에 왜 꿈이라도 꾸어보지 못했을까 후회스러웠다. 그랬다면 더 큰 꿈을 꾸었을지도 모르는데 말이다. 하지만 지금이라도 그걸 깨달았다는 게 감사했다. 백세시대라 내게 아직도 반평생이 더 남았으니 말이다.

"한살이라도 더 젊었을 때 큰 꿈을 꾸어라. 그것이 실현 가능성이 없는 꿈일지라도 꿈은 꾸어 볼 수 있다. 꿈을 꾸지 않는다는 건 스스로가 현실안주, 미래에 대한 도피를 하는 것이다. 간절한 꿈은 그 꿈에 도전하는 열정을 만들어준다. 현재의 생각이 태도를 바꾸고 그것이 미래에 결과로 나타난다."

내가 꿈을 너무 늦게 꾼 것이 후회가 되어 젊은이들에게 가끔 이런 조언을 해준다. 내 자식들에게도 가끔 이런 말을 해주지만 좋은 조언은 부모에게 들으면 잔소리가 되는 걸 알기에 말을 아낀다. 조언은 남에게 들어야 귀를 기울이게 하는 거 같다. 나 역시 다른 사람들에게 좋은 말을 들었을 때는 귀를 기울였지만 내 부모, 형제에게 들으면 잔소리라고 치부해 버렸으니까 말이다.

깡 하나로 美친 꿈을 이루다

얼마 전 '꿈이 없다고 말하는 그대'에게라는 책을 보며 내 자신을 다시 돌아봤었다.

일본 홋카이도 탄광에서 태어난 우에마쓰 쓰토무는 어린 시절부터 비행기와 로켓을 만들고 싶다는 꿈을 꾸었다. 하지만 공부를 너무 못해 주변사람들은 '허튼 꿈'이라고 손가락질을 했다. 대학에서 유체역학을 전공한 후 항공기를 설계하는 회사에 취직했지만 자신의 꿈을 실현할 수 없는 직장이라고 느껴 그만두게 된다.

아버지가 운영하는 작은 가게 우에마쓰 전기를 물려받아 재활용 전자석 시장 1위 기업으로 키웠다. 그리고 주위의 비웃음 속에서 우주개발 프로젝트를 출범시켜, 고도 3,500m까지 날아오르는 데 성공한 로켓 '가무이'를 개발했다.

그의 공장엔 대학을 졸업한 직원이 한 명도 없지만, 자체 기술과 자본으로 로켓개발, 우주공간과 같은 무중력 상태를 만드는 미소중력실험, 소형 인공위성개발, 미국 민간 우주개발 기업과의 공동사업을 진행하고 있다고 한다.

난 이 책을 보면서 간절한 꿈은 삶의 목표가 된다고 생각했다. 내가 30억 노래를 불렀듯 말이다.

'자살'이라는 부정적 생각에 집중되어 있다면 '살자'의 긍정적 생각에 집착을 가져보는 건 어떨까. 물론 너무 힘든 상태에서는 어떤 좋은 말이나 조언도 귀에 담을 수 없다. 나 역시 그랬으니까. 혹시라도 삶의 끈을 놓으려는 생각을 가진 사람이 있다면 단 한번만 진지하게 생각해 보자. 어려운 삶을 도피하는 겁쟁이가 되고 싶은지 아니면 자신을 어렵게 만드는 삶과 죽기 살기로 피 터지게 싸워 승자가 되고 싶은지. 이리 죽으나 저리 죽으나 마찬가지라면 한번이라도 맞서는 도전을 해 볼 필요가 있지 않을까. 그 길이 편히 눈을 감을 수 있는 방법인 거 같다.

고달픈 삶을 스스로 놓았는데 눈까지 못 감는다면 너무 억울하지 않은가. 내 꿈을 이루었기 때문에 하는 말은 아니다. 꿈이 이루어지지 않았다 해도 한해, 한해 나이 숫자가 올라갈수록 세상을 보는 눈이 달리지고 행복의 기준도 바뀐다는 사실을 느꼈다. 고통이 큰 만큼 행복지수는 올라간다고 하지 않는가. 힘들게 번 돈일수록 애착이 가게 되고 힘들게 산 만큼 세상 보는 눈이 여유로워지고 마음이 풍요로워진다.

꿈이 있는 사람은 열정을 갖게 되고 자신을 소중하게 여긴다.

꿈을 실현시키는 자신이 가장 소중한 자산이라는 걸 알기 때문이다.

꿈이 없는 사람은 목표, 열정 이런 단어는 딴 나라 이야기라고 흘려버린다. 그리고 팔자타령을 하며 자신을 학대하기도 한다.

이 두 유형의 결말은 뻔하다. 물론 후자가 재수가 좋아 로또 1등 당첨 대박을 터트릴 수는 있다. 하지만 삶의 목표가 없으면 그 돈은 한순간 물거품이 되어 날라가 버릴 수밖에 없다.

꿈을 꾸면 부정적 생각이 긍정적으로 바뀌고 삶의 절망이 희망으로 바뀔 수 있다. 내 경험상 확실하다고 자신할 수 있다.

오늘 어떤 꿈을 꾸겠는가. 100세 시대라고 하지만 내가 몇 살까지 살지는 미지수이기에 난 요즘 5년 목표의 꿈을 꾸고 있다. 30억 꿈처럼 이제는 돈의 꿈이 아닌 마음을 풍요롭게 만드는 꿈을 꾸며 실천해 나가고 있다.

02

상상의 날개

상상은 자유고 무료다. 그런데 그것을 즐기는 사람이 있고, 상상하는 것이 사치라고 말하는 사람이 있다. 돈 안 들이는 상상을 많이 해 과태료를 물거나 파산을 당했다는 사람을 본 적은 없다. 지나친 상상은 건강을 해친다는 말을 들어 본 적도 없다.

물론 짝사랑하는 이성과의 연애를 상상하다 상사병에 걸리거나 스토커가 되는 사람은 보긴 했다. 하지만 자신의 미래에 대한 무한대 상상이 병이 되거나 남에게 피해를 주었다는 말은 들어 본 적이 없다.

여기서 말하는 상상은 꿈이 아니다. 이루어질 수 없는 것도 꿈으로 꾸어 볼 수 있지만 내가 말하는 상상은 이루어낼 수 있는 생각을 말한다. 주어진 일만 하며 하루, 한 달, 일 년을 보내는 사람과 현재

하는 일이나 주변 상황을 보며 끊임없이 생각하고 상상하는 사람은 미래가 달라질 수밖에 없다. 빠르게 변화하는 시대에 발맞추어 100세까지 살려면 현재에 만족하거나 안주해서는 안 된다. 우리는 조금만 뒤처지면 도태되어 버리는 시대에 살고 있다.

초등학교도 제대로 나오지 못했지만 사물을 보는 관찰력이 뛰어난 헨리 포드는 거리를 지나는 마차를 보고 고민했다. '말이 끌지 않고 달리는 차는 없을까?' 그 고민을 해결하기 위해 상상을 하며 노력한 결과 자동차를 만들었다. 사람들이 징그럽게 생각해 기피하는 쥐를 귀엽게 상상하던 디즈니는 미키마우스를 창안했다. 와트는 끓는 물주전자를 보며 증기기관차를 상상해 냈다.

이런 상상력이 블루오션을 만들어내는 것이다.

우리는 너무도 빠르게 변화하는 시대에 살고 있다. 20년 전만 해도 손에 들고 다니는 전화기로 모든 걸 해결할 수 있다고 상상이나 했었는가. 처음 핸드폰이 나왔을 때 얼마나 신기했나. 그런데 이제는 연락만 할 수 있는 기능이 아니다. TV나 영화도 볼 수 있고 음악도 들을 수 있고, 은행거래에서 인터넷 검색까지 핸드폰의 기능이 빠르게 발전되고 있다. 그렇게 되리라는 상상을 못한 기술자와 사업가는 시대에 뒤처져 망할 수밖에 없는 게 현실이다.

네비게이션이 처음 나왔을 때 얼마나 선풍적이었나. 그런데 요즘 차에 네비게이션을 다는 사람들이 과연 얼마나 많을까. 나이가 들어 폰맹이라면 네비게이션을 달겠지만 핸드폰에 기능이 있기에 따로 구입할 필요가 없어졌다. 차에 폰을 꽂는 거치대가 오히려 사업화가 되었다. 핸드폰으로 인공지능과 대화를 하는 시대가 이렇게 빨리 올 줄은 몰랐다. 주변을 보며 상상의 날개를 펴지 않으면 놀라기만 하며 도태될 수 있다는 생각이 들었다.

블루오션이 전문가만 만들어낼 수 있는 것일까. 상상력을 펼쳐 보지 않고 자신의 능력을 과소평가하지 말았으면 좋겠다.

이런 이야기가 있다.

한 사냥꾼이 사냥을 나갔다가 매의 알을 주워와 암탉이 품고 있는 달걀 속에 넣었다. 새끼 매는 병아리와 함께 부화했고 암탉의 보살핌으로 병아리들과 즐겁게 살았다. 암탉은 병아리들과 똑같이 새끼 매를 가르쳐 매는 닭이 되기 위한 습성을 익혔다. 새끼 매는 가끔 하늘을 날고 있는 다른 매를 보며 부러워했다.

"나도 저렇게 하늘을 날아보고 싶다."

암탉은 새끼 매가 그렇게 말할 때마다 타일렀다.

"넌 병아리야. 날고 싶어도 날 수가 없단다."

깡 하나로 美친 꿈을 이루다

암탉의 말을 들은 새끼 매는 부러움을 달래며 스스로를 타일렀다. '나는 병아리일 뿐이야. 나는 저렇게 높이 날 수 없어.'

이 글을 읽으며 자신이 가진 능력을 펼쳐보지도 못하고 포기할 수 있겠다는 생각을 했다. 어쩌면 무덤 속에 들어가서도 자신에게 그런 능력이 있었다는 걸 모를지도 모른다. 해 보고 싶은 것이 있다면 도전해 보자. 하다 안 된다면 소질과 능력이 없는 것이다. 하지만 해 보지도 않고 나는 안 된다는 생각부터 한다면 후회만 남지 않을까.

또한 주변을 보며 상상의 날개를 펴보자. 내가 자동차를 개발할 수 있을까 하는 생각이 발명을 포기해 버리게 만드는 원인이 되고 만다. 물론 자동차나 전기 이런 어려운 분야는 그쪽 방면에 어느 정도 소질이 있어야 관심이라도 갖겠지만 흔한 소재 속에 특별한 것을 찾아낼 수도 있다고 생각한다. 그래서 나 역시 내가 지금까지 해온 제조업이 아닌 다른 분야를 세심하게 관찰하며 상상의 날개를 펴보려 노력한다. 내 상상이 날개를 달지 못한다 하더라도 후회는 하지 않을 거 같다. 상상을 하는 동안 내 뇌 세포가 활발하게 움직여 노화 속도가 느려졌을 테니 얼마나 감사한 일인가.

블루오션을 만들어내겠다고 머리를 쥐어짜며 스트레스를 받으려는 건 아니다. 하지만 이 시대 변화에 빠르게 적응하고 싶어 기사나 주변을 보며 상상의 나래를 펴 본다. 내 상상에 날개가 달린다면 엔도르핀이 품어져 나와 정신이 건강해지는 거 같다.

03

자존심과 자만심

> 깊은 강물은 돌을 던져도 흐려지지 않는다.
> -톨스토이

자존심이 센 사람은 고집스러워 함께 일을 하기 힘들다. 자만심이 센 사람은 자신만 내세우려 하고 남이 잘되는 꼴은 참지 못해 사람들과 융화되기가 어려워 또한 함께 하기 힘들다.

주변을 보면 나이가 들수록 또는 잘 살다가 어려워진 경우 자존심보다는 자만심이 더 강해지는 거 같다.

"자존심 상해서 살 수가 없다", "자존심을 건드려서 만나고 싶지 않다."는 말을 들으면 자존심이 아니고 자만심이 강한 사람이 아닌가 하는 생각을 했었다. 가장 아픈 일이나 트라우마가 되는 것에 대해 누군가에게 지적을 당하거나 거절을 당하면 자존심이 상하게 되는 건 당연하다. 그런데 자신이 실수한 것에 대해 누군가에게 지적을 받으면서 그것을 자존심 상한다며 그 사람과 거리감을 두려는 사람이 있다. 정말 자존심이 강한 사람이라면 자신의 실수에 대해 먼저 사과부터 할 줄 알아야 하지 않나 생각한다. 자신을 지키는 자존심이 강하다면 자신의 이미지를 위해 어떻게 해야 하는지 알고 있지 않을까. 남에게 실수를 하거나 폐를 끼친 경우 자존심상 앞에서 사과를 할 수 없다고 하더라도 스스로는 자신의 과오를 알기 마련이다. 그것을 인지하지 못하는 사람도 아주 극소수 있긴 하지만 말이다.

'나이가 들수록 입은 닫고 지갑은 열라'는 말을 듣고 공감했었다. 나이가 들수록 자신의 이야기에만 열을 올리는 사람들이 많다 보니 이런 말이 나온 거 같다. 나 역시 젊은 사람들 앞에서 그러지 않았는지 한 번씩 생각해 보고 주의를 기울이려 한다.

술자리에서 자신의 과거를 같은 레퍼토리로 늘어놓아 사람들의 귀를 불편하게 만드는 사람들이 간혹 있다. 대부분 나이가 들어 명퇴를 당하거나 사업에 실패한 사람인 경우가 많다. 물론 실패를 하지 않은 사람 중에도 더 잘나가던 시절을 곱씹어 분위기를 망쳐 버리기도 한다. 그런 사람들을 보며 자만심이 채워지지 않으니 자신의 입으로 그것을 채우려 한다는 생각을 했었다.

부모님이 땅 부자였다거나 할아버지가 유지여서 금수저를 물고 태어났다거나 확인되지 않은 말을 하는 이유는 자신을 알리고 싶은 심리가 있기 때문이다. 현재는 별 볼일 없지만 난 대단한 사람이라고 알리고 싶은 것인데, 그런 말을 듣는 사람들은 그 사람을 어떻게 평가할까. 현재는 별 볼일 없고, 자신감도 결여되었다고 느낄 수밖에 없다. 거기다 사람들에 대한 배려가 없다는 평까지 받게 되면 기피 대상이 될 수도 있다.

'나는 대단한 사람이다'라는 자만심이 들어간 말이 아닌 인품으로 보여주어야 하지 않을까.

유난히 과거 이야기에 집착하는 한 지인을 보면서 난 그런 화려한 환경과 레퍼토리가 없어 다행이라는 생각을 하며 씁쓸했던 적이 있었다.

그리고 나도 혹시 술자리에서 내 과거를 미담처럼 말하지는 않는지 되돌아봤었다.

그런 말을 하는 것도 습관으로 되어 버리는 거 같다. 꿈을 그르치게 만드는 가장 큰 적은 지나친 자존심과 자만심이라 생각한다. 대부분이 누군가가 치켜세워주면 자신도 모르게 자만심이 들어 우쭐하게 된다. 그것을 적절히 통제하지 않으면 이 정도면 된다고 안이해져 꿈으로 가는 길목이 단절되어 버릴 수도 있다. 쓸데없는 자존심, 자만심으로 가득 차지 않도록 수시로 자신을 점검해 봐야 한다.

자신을 존중하고 사랑하는 마음이 강한 사람을 자존감이 높다고 한다. 그래서 한동안 자존감을 높이는 방법에 대한 책이 많이 나오고 강연회도 인기를 끌었다. 책과 강의를 통해서 자존감을 높이기 위해 내 자신을 존중하고 사랑하는 방법에 대해 고민을 했었다. 그래서 나만의 자존감을 높이는 철칙을 만들었다.

첫째, 내 자신에게 칭찬을 아끼지 않는다.

앞장에서도 서술했지만 크게 칭찬받을 일을 했다면 내 자신에게 당근을 준다. 말로 칭찬하기도 하지만 내가 갖고 싶은 것을 내게 선물로 준다. 내 자신에게 주는 선물은 그냥 사고 싶은 걸 샀다는 기분과는 차원이 다르다. 스스로에게 주는 보상은 묘한 기분이 들고 말로 표현할 수 없는 행복감에 빠지게 한다.

둘째, 타인과 비교하지 않는다.

남과 비교를 당하게 되면 기분 좋은 사람은 없다. 물론 장동건과 외모 비교를 당한다면 기분 좋을 테고, 재벌 총수와 비교 당한다면 내 능력이 그만큼 월등하다는 거니 어깨가 우쭐해질 수 있다. 하지만 대부분 부족한 부분이 상대와 비교를 당하게 된다. 그러다 보니 그걸 즐기는 사람은 당연히 없다. 뛰어난 사람을 보며 한 수 배우려는 자세는 갖되 그 사람과 나를 비교하지 않으려 한다. 그럴수록 자신감이 결여되어 자존감이 낮아지기 때문이다.

셋째, 나를 존중해 주자.

자신을 존중하지 않으면서 타인이 자신을 존중해 주기를 바라는 사람들이 의외로 많다. 존중을 받으려 하면 자만심이 앞서게 되지만 존중해 주고 싶은 사람이 된다면 자존감이 높아지게 된다. 자신을 존중하고 높이자는 것이 잘난 척하라는 말이 아니다. 자신을 소중하게 생각해 존중한다면 당연히 인품이 올라가게 되는 셈이다. 그러면 자연적으로 타인에게도 존중받게 된다는 말이다.

난 이 세 가지 철칙을 만들어 자존감을 높이려 노력하고 있다.

어느 심리학자는 자존감이 너무 높은 사람은 타인을 통제하려 들어 공격적으로 보일 수 있다고도 한다. 역시 뭐든 넘치면 모자라는 것보다 못하다는 말이 맞는 거 같다.

자존감을 높이되 자신을 적절히 통제할 수 있는 마인드컨트롤이 가장 중요하다고 생각한다.

04

열심히 하는 사람 VS 즐기는 사람

학교도 제대로 가지 못할 정도로 어려운 초등학교 시절을 보냈기에 동화책을 마음껏 읽어보지 못했다. 다른 집 부모님은 아이들에게 책을 읽으라며 다그치고 나무라지만 먹고 살기 위해 고군분투하시던 아버지는 그런 마음의 여유가 없으셨다. 친구들은 내게 책읽어라, 공부해라, 이런 잔소리를 안 들어 좋겠다고 했지만 난 그런 잔소리가 사치라고 생각했다. 사소한 사치, 사실 난 그것을 누려보고 싶었다. 어린 나이에 잔소리라도 듣고 싶다는 생각을 했다니…… 그때 내 모습을 떠올리면 웃기면서도 슬프다.

아마 학교에 못 다닐 정도로 힘겨운 생활이 아니었다면 나도 다른 아이들처럼 부모님의 잔소리가 듣기 싫어 귀를 막거나 도망 다녔을지도 모른다. 나이가 들어보니 그런 것도 추억이고 소소한 행복인데, 학교를 못 가게 되어 슬펐던 심정, 동생 손을 잡고 나무와

88   깡 하나로 美친 꿈을 이루다

쑥을 캐러 산으로 가면서 한숨짓던 모습이 아련하게 추억으로 자리 잡고 있다.

주경야독으로 고등학교, 전문대를 졸업했기에 학창시절에는 책을 가까이 할 시간과 마음의 여유가 없었다. 가방끈보다 독서가 더 큰 산교육이라는 말을 듣고 사회에 나온 후에는 책을 많이 읽으려 노력했다.

손자가 생기고 나니 어린 시절 많이 읽지 못한 동화책을 읽고 싶어졌다. 그래서 손자를 보러 가면 옆에 앉혀두고 같이 책을 읽자고 한다. 아는 지인이 요즘 동화나 속담이 시대에 맞게 변화하고 있다는 말을 듣고 손자와 이솝우화 책을 다시 읽어봤다.

이솝우화에 나오는 개미와 베짱이 얘기는 다 알고 있을 것이다.

개미는 여름동안 열심히 일해 겨울 대비 식량을 비축했다. 반면 베짱이는 여름 내내 나무 그늘 밑에서 노래를 부르면서 즐겁게 놀기만 했다. 개미는 비축해 둔 식량으로 추운 겨울을 잘 견디어 낸다. 하지만 노는 거에 열중하느라 겨울 대비 식량을 비축해 두지 않은 베짱이는 배를 움켜잡고 후회를 하게 된다. 베짱이는 개미집에 가서 밥을 얻어먹으며 놀면서 열심히 일하는 개미를 놀리고 비웃은 걸 반성한다.

이 내용의 교훈은 유비무한(有備無患: 미리 준비하면 걱정이 없다.)이다. 미래를 위해 게으름을 피우지 말고 열심히 일해야 하고, 열심히 일하는 사람을 비웃고 놀리면 안 된다는 인간관계 처세도 들어가 있다.

그런데 요즘은 이 동화가 각색이 되었다고 한다.

무더운 여름 내내 쉬지 않고 열심히 일한 개미는 병이 생겨 일을 못하게 되었다. 반면 기타를 치며 노래를 즐겨 불렀던 베짱이는 대형 기획사에 스카우트되어 유명한 가수가 되고 돈방석에 앉았다.

누군가에 의해 각색이 되어 떠돌아다니는 이야기다. 난 이 말을 들으며 자신이 좋아하는 일을 해야 즐길 수 있어 성공할 수 있다는 메시지를 주려 한다고 생각했다.

아주 드물지만 학교 공부가 적성에 안 맞아 시간 낭비라고 생각해 자퇴를 하고 자신이 좋아하는 음악을 해서 스타가 된 사람들이 있다. 정규 학업을 포기한다는 자식을 보는 부모의 심정은 어땠을까. 내가 부모가 되어보니 부모 입장부터 헤아려졌다. 가정이 어려워 학교를 제대로 다닐 수 없었던 것이 한이 된 난 만약 내 자식이 그랬다면 회초리를 들고 반대했을 거 같다. 그 부모님들도 반대를 하며 설득했겠지만 자식을 이기지 못했을 것이다. 자퇴를 하고

깡 하나로 美친 꿈을 이루다

음악을 선택한 그가 자신이 스타가 될 줄 알았을까. 아마도 스타가 된다는 생각보다는 자신이 좋아하는 걸 하고 싶어 학교 가는 시간도 아까워서 학업을 중단했던 거 같다. 자신이 좋아하는 음악에 빠지다 보니 대스타가 되었다.

순탄하고 평범한 생활을 마다하고 성공을 잡은 사람들이 있다. 그 과정의 험난한 가시밭길은 상상하지 않고 결과만 보며 쉽게 생각하는 사람들이 많다. 쉬운 일이 없지만 글을 써 보니 창작이라는 게 얼마나 힘든 일인지 깨달았다. 하지만 스타가 된 사람들은 그 일을 좋아하고 즐기다 보니 창작의 고통도 희열로 느끼지 않았을까 감히 짐작해 본다.

자신이 좋아하는 일을 하면 시간도 금세 지나가지만 어쩔 수 없이 해야 하는 일은 의무적으로 하게 되어서인지 시간도 더디게 가는 느낌을 받곤 한다. 모든 걸 벗어던지고 자신이 하고 싶은 일만 하겠다면 그 길을 택하면 된다. 배고픔과 경제적 고통이 동반되더라도 자신이 택한 길이라면 후회는 없을 것이다. 하지만 대충 좋아하고 즐기는 것에 몰두하면 오히려 후회의 늪은 더 깊을지도 모른다.

직업을 갖기 위해 돈을 벌기 위해 지금의 일을 하고 있다면 즐겨라. 즐기며 일을 하면 능률이 올라 회사에 이득이 되기 때문이 아니다. 힘들다, 고통스럽다고 푸념을 해봤자 더 힘들어지고 고통스러워질 뿐이다. 어차피 해야 되고, 지나가야 할 시간이라면 즐기는 것이 자신의 정신 건강을 지키는 길이기 때문이다. 고통도 즐길 줄 아는 경지에 올라가면 그것을 넘길 때 희열을 맛보게 된다.

현재 속한 사회에서 조연일지라도 빛나는 조연이 되어라. 맛깔나는 연기로 주연보다 빛나는 조연들이 더 많다. 탄탄한 연기력을 인정받으면 대작의 주인공으로 캐스팅될 수도 있다. 어떤 역할이든 즐기며 자신의 것으로 만들어라. 그러다 보면 언젠간 정상의 자리에 올라 아래를 내려다보고 있을 것이다.

05

실패는 성공의 어머니일까

'실패는 성공의 어머니일까.'

무엇을 하든 실패 없이 성공으로 이어지기는 어렵다. 물론 일의 성격에 따라 실패를 겪지 않고 성공하는 케이스도 있기는 하지만 아주 드물다.

150만원으로 사업을 시작한다고 하니 친구가 사무실 한쪽에 책상 하나를 업무 공간으로 쓰라고 내주었다. 자본금으로 대금을 조금씩만 주고 일단 물건을 받아 납품을 시작했다. 조선공사를 나와 소기업, 중소기업에서 영업 활동을 하며 인맥을 쌓아둔 덕분에 가능한 일이었다. 만약 그런 중간 업무 단계를 거치지 않고 바로 사업을 했다면 작은 돈으로 물건을 공급받는 일이 쉽지 않았을 것이다. 아니, 불가능한 일이었다. 영업을 하며 알게 된 거래처 사장과 실무 직원들이 나의 성실성과 정직성을 인정해 주었기에 바로 납품을 하게 되었다.

내 이름이 들어간 사업자등록증을 보며 얼마나 설레었는지 그때의 느낌은 아직도 생생하다. 이제는 내 목표 30억을 향해 항해를 할 수 있다는 희망에 밥을 안 먹어도 든든할 정도였다. 그런데 설렘과 희망에 찬 기쁨도 잠시였다. 사업 시작 3개월 후 물건을 납품한 회사가 부도가 나서 연쇄적 타격을 받게 되었다. 암담함에 집에도 들어가지 않고 일주일을 사무실에 틀어박혀 소주로 지새웠다. 힘든 내 모습에 가족들이 마음 아파하고 절망감까지 가질까 걱정되어 일이 바빠 당분간 회사에서 지내야 한다고 둘러댔다.

"이런 일도 예상을 못하고 사업을 시작했나? 당장 때려치우고 어디 입사나 해라."

사무실을 내준 친구의 말을 듣는 순간 과감하게 사표를 던진 내게 무모하다, 책임감이 없다고 질책한 주변 사람들의 말이 귀에 울려 정신을 차렸다. 난 그런 말이 더 열심히 하라는 채찍으로 들려 의욕이 생겨난다며 자신만만했던 내 모습을 떠올리며 다시 주먹을 불끈 쥐었다. 친구 호통에 신세타령하며 소주만 마시고 있는 한심한 내 자신을 자책하고 수습에 들어갔다. 나를 믿고 도와준 거래처 사람들에게 실망감을 줘서는 안 된다는 생각부터 했다. 그래서 일단 가진 돈을 다 털어 거래처를 돌며 말도 안 되는 금액이지만 조금씩 지불하며 사정했다. 제일 물건을 많이 대준 회사가 곤란하다는 입장을 보여 속이 탔지만 앞으로의 계획을 설명하며 설득하자 한 번 믿어보겠다고 했다.

그때 어려울수록 주눅 들지 말고 자신감을 가져야 한다고 생각했다. 한껏 주눅 들어 있으면 자신감이 없어 보일 테고 그럼 상대방은 앞으로 잘해 나갈 수 있다는 의지를 느낄 수 없는 건 당연하다.

조금씩 거래처가 늘어 불타오르던 열정에 얼음을 쏟아부은 격이었다. 사람인지라 바로 열정이 솟아오를 수는 없었지만 나를 믿어준 주변 사람들을 생각하며 힘들게 마음을 다졌다. 그렇게 무사히 고비를 넘기고 다시 열심히 거래처를 늘려 매출이 오르자 혼자 할 수 없는 상황이 되어 직원을 들였다. 그런데 두 달 후 또 다른 거래처가 부도가 나 대금을 못 받는 상황이 발생했다. 두 번 그런 일이 발생되고 나니 솔직히 다 때려치우고 직장에 다시 들어가야 할까 하는 생각이 들었다. 하지만 그렇게 되면 정말 난 무모하고 책임감 없는 사람이라는 꼬리표를 평생 달고 살 거 같았다. 나 때문에 힘들어지는 가족들을 생각하니 그런 꼬리표를 달더라도 직장에 들어가야 하나 심각하게 고민했었다.

내가 한때 아버지를 원망했듯 내 아들들도 나를 원망하게 만들어서는 안 된다는 생각뿐이었다. 그때는 30억의 美친 꿈조차 잊어버릴 정도로 정신이 나가 있었다.

'이건 내가 실수를 한 것이 아니니 실패는 아니다.'

또 사무실에 틀어박혀 밤낮으로 소주를 마시던 중 불현듯 내가 일을 잘못 처리하는 실수로 실패를 한 건 아니라는 생각이 들었다. 누구나 그렇겠지만 사업을 하면 그런 일이 발생할 수 있다는 가정은 생각했지만 내게는 그런 일이 안 생길 거란 안이한 생각을 가졌던 내 자신을 질책하고 다시 주먹을 쥐었다.

'어려운 고비를 많이 넘길수록 더 단단한 회사가 만들어질 것이다.'

집에 걸려 있는 가훈인 '마부위침'을 떠올리며 스스로 위로하고 격려했다. 다시 거래처를 돌며 믿어달라고 사정을 했다. 그 전에 남은 대금을 열심히 갚아나가는 내 모습에 신뢰를 한 거래처는 아주 흔쾌히 도와주겠다고 했다. 사실 거래처를 찾아갈 때 거절당하면 어쩌나 걱정을 많이 했었다. 그런데 의외로 순순히 내 부탁을 들어주는 걸 보며 해 보지도 않고 내가 나를 괴롭혔구나 하는 생각이 들었다. 많은 사람들이 부정적으로 예단해 버리고 혼자 가슴앓이를 한다. 그게 자신감을 떨어뜨리는 가장 큰 적이라는 걸 느꼈다.

아마도 그때 거래처에서 날 믿지 못하고 물건 납품을 끊었다면 지금의 회사는 사라져 버렸을 것이다. 고난을 이겨내지 못했다면

깡 하나로 美친 꿈을 이루다

실패로 끝나 버리는 건 당연하다.

십년이면 강산이 변한다는 말이 요즘은 일 년 아니, 반년이면 강산이 변한다고 한다. 그만큼 빠르게 변화하는 시대가 된 것이다. 이런 시대에 살면서 큰 실패를 한다면 재기가 불가능해질 수도 있다. 부도가 나 회사를 정리한 한 지인은 바닥이 아닌 땅속으로 들어가니 다시 위로 올라가기가 너무 어렵다고 한다. 큰 실패는 성공의 어머니가 아닌 성공의 가장 큰 걸림돌이 되고 마는 셈이다. 물론 바닥을 치니 올라갈 일만 있더라는 말을 남긴 성공인들도 있지만 아주 드문 케이스이다. 그들이 성공으로 올라갈 때까지의 피눈물 나는 노력은 감히 상상할 수 없다. 그걸 상상하며 자신의 것으로 만든다면 아주 드문 케이스에 과감히 들어가는 것이지만 대부분의 사람들은 특별한 사람들의 이야기로 치부해 버리기에 자신의 것으로 만들지 못하는 것이다.

"실수는 누구나 한다. 성공인들은 같은 실수를 되풀이하지 않지만 그렇지 않은 사람들은 같은 실수를 반복한다."

위의 말을 어디선가 듣고 공감해 메모해 두었다.

작은 실수들은 경험으로 자리 잡을 수 있지만 큰 실수는 실패로 이어지게 할 수 있다는 걸 잊지 말아야 한다. 남들은 빠르게 변화하는 시대에 발맞추어 앞으로 나아가는데 자신은 실패를 이겨내느라 진땀을 흘리고 있다면 성공은 눈앞에서 멀어질 뿐이다. 아니, 점점 도태되어 자신감과 의욕상실만 남게 될 것이다.

작은 실패는 성공의 어머니일 수 있지만 큰 실패는 낙오자가 될 수 있다고 생각한다. 꺼진 불도 다시 보자는 말처럼 큰 실수를 범할 작은 불씨가 있는지 자신을 점검하는데 게을리해서는 안 된다.

06

운칠기삼

운이 칠 할이고 노력하는 것이 삼 할이라는 뜻이다. 죽기 살기로 열심히 했는데 성공하지 못해 실망감이 큰 사람들에게 위로가 되는 말이다. 나도 거래처 부도에 납품 대금을 날렸을 때 운이 아직 안 따라주어 그렇다는 친구 말에 위로를 받았었다.

그렇지만 운을 전적으로 믿지 않는 난 노력이 3할이라는 말은 공감하지 않는다. 물론 로또 당첨이 된 사람을 보면 운이 좋다는 생각을 하지만 열심히 노력했는데 운이 안 좋아 생각만큼의 결실을 맺지 못했다는 사람을 보면 운 탓으로 돌리려 한다고 느꼈다. 잘되면 내 탓이요, 못 되면 조상 탓을 하는 사람들이 자주 운명 탓으로 돌린다. 그런 생각이 위안이 된다면 좋지만 노력한 만큼 결실을 맺지 못한 자신의 문제점을 지나쳐 버려 또 같은 상황을 반복하는 실수를 범할 수 있다는 사실을 알아야 한다. 잘못된 이유가 무엇인지를 잘 파악해 문제점을 수정, 보완해 나가야 원하는 결실을 맺을 수 있다. 남의 탓, 운 탓으로 돌리는 사고는 노력을 게을리하게 만들고 과정의 오류를 놓치는 과오를 범하게 할 뿐이라고 생각한다.

이솝 우화에 나오는 토끼와 거북이 이야기를 보면 잠깐 잠을 자도 느림보 거북이를 이길 수 있다고 생각한 토끼가 잠에서 깨어보니 거북이가 결승점에 거의 도달해 있었다. 놀란 토끼가 빨리 뛰어 갔지만 결승점에 도달한 거북이에게 지고 말았다.

이 이야기는 상대보다 능력이 뛰어나다고 자만하지 말아야 하고, 상대보다 능력이 모자란다고 자신감을 잃어 움츠려들지 말고 노력을 게을리하지 않으면 따라 잡을 수 있다는 교훈을 담고 있다.

난 이 동화를 손자에게 읽어주며 운칠기삼이 떠올랐다. 그날 토끼는 운이 나빴고, 거북이는 정말 운이 좋은 날이어서 역전되는 일이 발생했다는 생각이 들어 웃었었다. 자신이 생각했을 때 정말 피나는 노력을 했는데도 좋은 결말이 안 나왔다면 운이 안 좋아 그랬다고 위로를 하는 건 정신 건강에 좋다고 생각한다. 하지만 운에만 치우쳐 자신의 과오를 간과하지는 말아야 한다.

아는 지인이 사업을 시작하면서 점집에 드나들며 내게도 한번

깡 하나로 美친 꿈을 이루다

가보라고 권유했었다. 그런 걸 불신하지는 않지만 신봉하지도 않기에 예의상 한번 가보겠다고만 했다. 비즈니스상 누구를 만날 때 몇 시에 만나면 좋을지 어떤 색상의 옷을 입어야 운이 좋은지 사소한 것까지 점쟁이에게 의존하는 지인을 보면서 너무 신봉하면 정신을 피폐하게 만들 수 있다는 생각을 했다. 점쟁이 말을 듣지 않으면 불안해지는 지경까지 간 지인을 보며 그런 걸 보지 말아야겠다는 다짐을 했었다. 사람인지라 나도 그 지인처럼 빠져들지 말라는 법은 없으니 말이다. 나쁜 것은 피해간다는 생각으로 점사를 보면 좋지만 한 가지가 맞게 되면 신봉해 빠져드는 게 사람의 심리인 거 같다.

'운이 나빠서', '운대가 아직 안 와서' 이런 생각이 운을 물리치고 있다고 생각한다. 운이 나빠, 운이 안 와서 아직 실행에 옮기지 않는다고 치자. 그런데 시기를 놓쳐 버려 조금이라도 노력을 기울인 것이 물거품이 되어 버린다면 그것도 운 탓일까.

지성이면 감천, 지극한 정성이면 하늘을 감동시킨다는 말이 있지 않은가. 강한 집념으로 열심히 노력하면 하늘이 감동해 부족한 운도 채워지지 않을까. 할 수 있다, 해 낸다는 긍정적 사고와 신념은 나쁜 운도 좋게 바꿀 수 있다고 확신한다.

두 번이나 연이어 거래처 부도로 큰 타격을 받았을 때 주변에서는 내게 운이 나쁘다고 했다. 하지만 난 그 나쁜 운에 가족들까지 빨려 들어가게 할 수 없다는 생각뿐이었다. 그래서 발에 땀이 나도록 뛰어다니며 수습을 했다. 점괘를 보지는 않아 내가 사업을 접을 정도로 나쁜 운이 아니라 수습이 되었는지는 모르겠지만 만약 운이 나빠 사업을 접어야 한다는 말을 들었다면 어떻게 되었을까. 그랬다면 거래처를 찾아다니며 설득할 자신감을 잃게 되고 점괘에 의존해 버렸을지도 모른다. 물론 무모하게 점괘에 의존하지는 않았겠지만 깊은 고심에 빠진 상태였기에 사람일이란 모르는 거란 생각이 들었다.

〈대운이 들었다고 해서 가만히 있으면 저절로 좋은 일이 굴러 들어오는 게 아니다. 그럴수록 더 열심히 해 대운을 받아들일 큰 그릇을 만들어야 한다. 자신의 그릇이 작다면 대운을 다 채울 수 없지 않겠는가. 운이 나쁘다고 가만히 있다면 나쁜 운의 그릇만 더 커질 뿐이다. 운이 안 좋다면 돌다리도 두들겨 본다는 정신으로 조심하면 된다.〉

어느 스님의 말을 듣고 공감했었다.

깡 하나로 꿈친 꿈을 이루다

운을 기다리지 말고 능력을 개발하고 노력해 나간다면 자신의 역량은 더 높아져 더 큰 운을 담을 수 있다. 기칠운삼, 이것도 사고와 의지에 따라 만들어낼 수 있다고 생각한다. 운에 끌려가지 말고 스스로가 운을 운전하는 운 짱이 되어야 한다. 비포장도로가 나타나면 흔들거리며 갈 수밖에 없다. 심하게 흔들린다고 두려워하지 말자. 그럴 때일수록 타이어가 펑크 나지 않게 더 정신을 바짝 차려야 한다. 그렇게 달려 포장도로로 나가면 운전에 더 큰 자신감이 붙을 것이다. 자신의 삶을 잘 운행할 줄 아는 것이 가장 단단한 밑천이라고 생각한다.

07

깨진 유리창

미국의 스탠포드대학 심리학교수인 짐 바르도가 대중심리를 연구하기 위해 본네트를 열고 유리창도 살짝 열어둔 차 2대 중 한 대는 뉴욕 빈민가에, 한 대는 캘리포니아 부촌에 두었다. 뉴욕 빈민가에 둔 차는 하루가 지나기 전에 차의 모든 것이 뜯겨져 나갔는데 캘리포니아 부촌에 두었던 차는 5일간 그대로 온전하게 보전되어 있었다. 그래서 캘리포니아 부촌에 둔 차의 유리창을 깨뜨린 후 같은 장소에 세워 두었더니 사람들이 차의 유리창을 깨고 지나가는 일이 발생했다.

1982년 3월 범죄학자인 제임스 윌슨과 조지 켈링은 '깨진 유리창의 법칙'Broken Window theory을 발표했다. '아무도 관심을 갖지 않으니 당신 마음대로 해도 좋다'는 메시지를 전달하기 때문에 깨진 유리창이 많은 지역일수록 범죄율이 높다고 했다.

1980년대만 해도 뉴욕은 범죄도시로 악명이 높았다.

1993년 미국 라토가스대학의 겔링 교수는 '깨진 유리창의 법칙'에 근거하여 낙서 대청소를 제안했다. 겔링 교수의 제안을 받아들인 뉴욕시는 거리와 지하철의 모든 낙서를 지우는 작업을 했는데 무려 5년이나 걸렸다고 한다. 그런데 낙서 지우기 프로젝트 진행 2년 후 중범죄가 50% 이상 줄었고 5년 후 완성되었을 때는 중범죄가 75%나 줄어 악명 높은 범죄 도시의 오명을 벗을 수 있었다고 한다.

'깨진 유리창 법칙'을 읽으며 환경에 따라 마음가짐도 달라진다는 걸 새삼 깨닫고 회사의 분위기와 환경을 어떻게 관리해야 할지 다시 한 번 살펴보며 고심하는 기회가 되었다. 작은 불씨가 큰 산불을 일으킨다는 사실을 우린 자주 망각하고 산다. 내가 안 해도 누군가가 하겠지, 나 하나쯤이야 이런 이기적 생각이 사회와 회사의 환경과 문화를 바꾸어 놓는다고 생각한다. 지시를 당하면 수동적이 되어 하고 싶지 않지만, 나부터 또는 나라도 그렇게 해야 한다는 생각은 능동적으로 만들어 스스로 동참하게 된다. 그래서 직원들에게 지시를 하는 것이 아닌 나부터 솔선수범하려 노력하고 있다.

인간관계에도 깨진 유리창 법칙이 접목된다고 생각했다. 소원해진 관계는 회복이 가능하지만 쓸모없어진 깨진 거울처럼 악감정으로 멀어진 관계는 회복이 불가능해져 관계 청산으로 이어지게 된다. 그런 사람과는 다시는 만나지 않으면 그만이다. 하지만 사회생활을 하다 보면 우연찮게 만나거나 아주 가까운 지인들과 연결되어 있는 경우가 있다. 자신의 입장에서는 상대가 나쁜 사람이라고 생각해 관계 청산을 했다고 하지만 상대 또한 같은 생각일 수 있다. 아니, 어쩌면 상대는 자신에게 더 심한 악감정을 가지고 있을지도 모른다. 그런 사람의 입에서 자신에 대한 나쁜 평판이 전해지면 그 다음은 불 보듯 뻔한 결과가 생긴다. 자신도 모르는 사이에 퍼진 나쁜 평판으로 불이익을 당할 수도 있다. 주변 사람들에 오해를 푸는 시간 동안 얼마나 많은 사람들에게 나쁜 평판이 전해졌을지는 모르는 거다.

원래 좋은 평판보다 나쁜 평판이 더 빨리 퍼져 나간다. 자신을 잘 모르는 사람들에게 전해진 나쁜 평판은 선입감으로 자리 잡게 된다.

많은 사람들과 교류하다 보면 그중에는 코드가 맞지 않아 마찰이 생기거나 감정이 생기는 사람들이 분명히 있다. 사람은 상대적이어서 자신이 상대가 싫고 불편하면 상대 또한 똑같은 감정을 갖게 된다. 하지만 자신과 맞지 않다고 해서 감정을 남기거나 적이 되게 해서는 안 된다. 한 사람으로 인해 많은 사람을 잃을 수 있다는 가정을 놓치지 말아야 한다. 깨진 유리창 법칙처럼 말이다.

나에 대해 나쁜 이미지를 갖고 있는 사람은 없는지, 만약 있다면 그 이유는 뭔지 객관적으로 생각해 보려 한다. 난 상대에게 피해를 주려하지 않았지만 상대는 내게 피해를 입었거나 그렇다고 생각하고 있을지도 모른다. 가끔 표현을 안 하고 말이 앞서는 내 단점 때문에 누군가가 나를 오해할 수도 있다는 생각을 한 적이 있었다. 피를 나눈 가족도 오해할 수 있는데 살아온 환경이 다른 사람들이 나를 이해할 수 있을까 생각하니 그것도 내 인간관계의 깨진 유리창이 될 거 같았다. 그래서 수시로 나를 관리하려 노력한다.

요즘 코로나 바이러스에 감염된 한 사람으로 인해 회사 전체, 지역 전체가 바이러스 공포 속에 빠져 버린다. 나부터 조심하고 관리한다는 자세가 나쁜 바이러스를 빨리 제거하는 특효약 백신이 아닐까.

08

유지경성有志竟成

유지경성, 뜻이 있어 마침내 이룬다는 말이다. 꿈만 꾸는 게 아니고 꿈에 뜻을 담는다면 이룰 수 있다는 뜻이다.

옛날 키프로스에 피그말리온이라는 조각가가 있었다. 세상의 여자들에게 아름다움을 느끼지 못한 피그말리온은 자신이 사랑할 수 있을 만한 아름답고 사랑스런 여인을 조각하기 시작했다. 오랜 시간 깎고 다듬어 너무나도 아름다운 여인 조각상을 완성해 갈라테이아라는 이름을 붙여준다. 그런데 피그말리온은 너무도 아름다운 갈라테이아와 사랑에 빠지고 말았다. 하루 종일 갈라테이아만 보며 가슴앓이를 하던 피그말리온은 아프로디테 여신의 신전에 찾아가 자신의 사랑이 이루어지게 해 달라는 기도를 한다. 피그말리온의 간절한 소원에 감동한 여신은 갈라테이아에게 생명을 불어넣어준다. 인간이 된 갈라테이아와 피그말리온은 결혼해 행복하게 산다.

　피그말리온 효과Pygmalion Effect는 많은 사람들이 알고 있다. 어떤 사람은 신화는 신화일 뿐이라고 하지만 난 얼마나 간절했으면 여신이 그 소원을 들어주었을까 하는 생각을 했다.

　어릴 적부터 30억 꿈을 꾸었던 건 아니다. 현실의 고달픔을 넘기고 나니 가족들을 부자처럼 살게 해주고 싶다는 욕망이 꿈틀거려 30억을 벌어야겠다는 생각을 하며 꿈을 꾸게 되었다. 그 꿈을 이루고 내 어린 시절을 되돌아보니 만약 내가 어려움 없이 평범하게 살았다면 그 꿈을 꾸었을까 하는 의문이 생겼다. 어쩌면 물 흐르듯 그냥 살아왔을지도 모른다. 지독한 가난이 내게 꿈을 선물해 주었다고 생각했다.
　어린 시절 가난 속에서 허우적거리느라 꿈을 꿀 생각도 못했지만 만약 그때 큰 꿈을 꾸었다면 현재 나는 어떤 모습일까. 더 나은 모습일 수도 있지만 어린 나이에 꾼 꿈은 실천에 옮겨지지 않았을 거라는 생각이 든다.

　난 꿈을 현실로 옮기기 위한 철칙을 정했었다.

1. 매일 꿈을 꾸자.

한번쯤 상상하는 꿈으로 끝나지 않게 하려고 매일 30억을 벌어야 한다고 되새겼다.

2. 긍정적으로 받아들이자.

꿈으로 가기 위해서는 고난과 역경을 반드시 넘어야 한다. 고난과 역경이 없다는 건 꿈이 실현되지 않는다는 의미와 별반 다르지 않다. 이런 생각을 했기에 고난의 산을 몇 번 넘을 수 있었다.

3. 꿈을 이루게 해줄 자산은 사람이다.

혼자 성공을 이룰 수는 없다. 내 꿈을 이루게 해줄 자산은 사람들이라고 생각한다. 내 자신처럼 내 주변 사람들을 소중하게 생각하고 대하려 노력했다.

4. 지치면 잠시 쉬어가되 마침표는 찍지 말자.

너무 힘겹고 지치면 잠시 쉬어간다고 생각하지만 절대로 포기는 하지 말자고 다짐했다. 부도가 났을 때 잠시 포기라는 단어를 떠올렸지만 내 철칙을 생각하며 다시 마음을 다졌다.

5. '할 수 있다'는 자신감은 갖되 자만심은 경계하자.

사람인지라 고난이 닥치니 잘 될까 하는 의구심이 생기며 위축이 되기도 했다. 그럴 때마다 내 가장 큰 자산은 '자신감'이라는 생각을 하며 다시 주먹을 불끈 쥐었다. 그리고 일이 잘 풀리면 은근히 올라오는 자만심은 경계하려 노력했다.

6. 환경을 만들자.

머릿속에만 맴도는 꿈은 그냥 꿈일 뿐이다. 간절하게 이루고 싶은 꿈이라면 현실의 환경을 만들어야 한다. 직장생활로는 30억 꿈은 그저 갖고 싶은 꿈으로 끝나 버리기에 과감히 사표를 내고 사업을 준비하게 되었다. 그리고 꿈이 현실로 다가오게 만드는 환경을 만들기 위해 고군분투했다.

7. 꿈에 뜻을 담아 되새겼다.

명품으로 휘감으며 화려하게 살고 싶어 30억 꿈을 꾼 게 아니다. 너무도 참담했던 가난의 한을 풀고 싶어 30억이라는 숫자가 꿈이 된 것이다. 그 정도가 있어야 남의 눈치를 보고, 굶주린 배를 움켜잡으며 눈물을 훔치던 어린 네 형제에게 보상이 될 거 같았다. 그리고 먹고 살기만 하는 것이 아닌 나도 누군가에게 힘이 되는 사람이 되고 싶었다. 간절한 30억 꿈에 깊은 뜻을 담으니 의지가 더 강해졌다.

위 일곱 가지 철칙을 세우고 내 마음을 다지며 꿈에 도달했다.

'구슬이 서 말이라도 꿰어야 보배다'는 말처럼 실천에 옮기지 않으면 그냥 꿈으로 끝나고 만다. 고단한 일상을 위로하려 꿈을 꾼다는 사람도 있다. 저절로 입꼬리가 올라가게 만드는 꿈을 그저 상상하며 꾸기만 할 것인가. 그 꿈이 현실이 된다면 입꼬리가 아닌 광대가 승천하는 행복의 미소가 얼굴에 만발할 수 있다.

원더wonder는 놀람, 감탄이라는 뜻이고 원더가 가득한 상태를 원더풀wonderful이라고 한다. 미소가 번지게 만드는 꿈을 이루면 광대가 승천할 정도로 멋진 웃음이 폭발하게 된다. 그저 미소만 지을 것인가, 한번 멋지게 웃어 보겠는가. 난 또 다른 꿈을 꾸며 원더풀을 기대하고 있다.

네잎클로버의 꽃말은 행운이다. 행운을 바라며 네잎클로버를 찾고, 운 좋게 찾으면 코팅까지 해 지닌다. 아무리 봐도 눈에 띄지 않으면 자신은 운이 없다고 푸념하기도 한다. 세잎클로버의 꽃말은 행복이다. 행운의 네잎클로버를 찾기 위해 세잎클로버를 밟기도 한다. 우린 행운을 찾기 위해 수많은 행복을 짓밟고 있는 건 아닐까. 행복한 꿈을 소중하게 다룬다면 예상치 않은 큰 행운과 횡재가 내 앞에 나타날지도 모른다.

09

검려지기 黔驢之技

호랑이는 별난 모습을 가진 당나귀를 처음 본 순간 바짝 긴장을 하며 조심스럽게 다가갔다. 당나귀 역시 호랑이를 처음 봤는데 자신을 보고 잔뜩 긴장한 호랑이가 우스워 보여 소리를 꽥 질렀다. 큰 소리에 놀란 호랑이를 보자 당나귀는 의기양양해졌다. 다음 날 자신을 다시 보러 온 호랑이를 본 당나귀는 소리를 지르며 호랑이를 향해 뒷발길질을 해댔다. 하찮은 재주밖에 없는 놈에게 괜히 겁을 먹었다는 생각이 들자 화가 난 호랑이는 순식간에 당나귀를 해치워 버렸다. 호랑이가 어떤 힘을 가진 동물인지도 모르면서 자신을 경계하며 탐색하는 호랑이를 우습게 알고 나대다가 오히려 큰 변을 당했다는 말에서 나온 사자성어이다. 우리가 흔히 말하는 '가만히 있으면 중간은 간다'는 말과 같은 뜻이다.

자신의 생각과 의지대로 밀어붙여 뭔가를 이루어 내면 자신감

이 붙는 건 당연하다. 그런데 자신감이 너무 넘쳐 자아도취에 빠져 버리면 자신감은 자만심으로 이어지고 오히려 소통이 안 되는 사람으로 분류되어 버릴 수도 있다.

나 역시 깡 하나로 세상 무서운 줄 모르고 사업에 뛰어들어 고난과 역경은 있었지만 우여곡절을 겪으며 전진해 번듯한 회사를 만들고 내 美친 꿈을 이루다 보니 은연중에 자신감이 넘쳐흘렀던 적이 있었다. 그때는 자신감이 넘쳐흐르는 건 고난과 역경을 이겨내는 힘이라고 믿었다. 그런데 다양한 부류의 사람들을 만나면서 진짜 자신감이 있는 프로는 자신을 너무 드러내지 않는다는 걸 알았다.

겸손이 미덕이라고 배우며 자란 우리 세대는 잘하는 것이 있어도 손을 들거나 내세우지 않았다. 사실 속으로는 자신감 있게 손을 들고 싶었지만 겸손이 예의라 생각해 조심스럽게 행동했다. 그러다 자신감을 드러내는 당당한 후배들을 보며 세대 격차를 느꼈던 적도 있다. 자신을 낮추며 겸손해야 한다는 가르침으로 살아온 우리 세대들은 당당하게 자신을 드러낼 줄 아는 것도 능력이라는 후배들 앞에서 기가 죽기도 했다. 능력을 담고 있어 불이익을 당한다면 겸손이 미덕은 아니다. 인간관계에서는 예의와 배려가 기본으로 깔려 있어야 하는 건 당연하다. 하지만 자신을 낮추고 능력을 드러내지 않는 것이 겸손은 아니라는 뜻이다.

과유불급過猶不及이다.

뭐든 지나치면 모자라는 것보다 못한 법이다.

자신감이 결여되어 있는 사람과는 같이 일을 할 마음이 들지 않는다. 자신감이 없으면 추진력에 제동이 걸리고 마는데 같이 일을 할 마음이 생기겠는가. 그렇다고 자신감이 넘치는 사람은 함께 일을 도모하고 싶게 만든다는 말은 아니다. 자신감이 넘치는 사람은 오히려 독불장군이거나 소통의 문제가 될 수 있다는 우려심이 생기게 된다. 제어가 힘든 자신감보다는 조금만 다독여주고 힘을 주면 자신감이 붙을 수 있는 사람이 낫다. 그래서 넘치는 것보다 조금 모자라는 게 낫다는 말이 나온 거 같다. 자신의 능력을 당당히 알려주는 건 좋지만 그것이 말로만 되어서는 안 된다.

프로는 프로를 알아본다는 말이 있다. 상대가 자신보다 그 분야에 더 프로라면 어떤 생각이 들까. 오히려 자신이 가진 능력을 과소평가하게 만들어버리는 실수를 범할 수 있다.

과시욕의 부메랑은 왕따로 돌아올 수 있다.

유명인 이름을 거론하며 누구, 누구를 안다고 자신의 인맥을 자랑하는 사람이 있다. 자신의 인맥이 넓다는 걸 은근히 자랑을 하는 이유는 크게 두 가지일 가능성이 높다. 유명인을 알 정도로 능력이 있다, 자신을 통하면 일을 처리할 수 있다는 암시를 주려는 의도가 깔린 경우가 많다.

사기를 치는 사람들이 이런 수법을 잘 이용한다. 그런데 사업을 하며 많은 사람들을 만나다 보니 입으로 누구, 누구를 안다고 하지만 실제로는 그 유명인과는 한두 번 인사를 나눈 사이인 경우도 많았다.

솔직히 사업 초기에 내게 도움을 줄 사람이 필요해 이런 사람들에게 당한 적이 있었다. 그 후 절대 그런 사람에게 넘어가지 않을 거라고 다짐했지만 무모한 실수를 또 반복하기도 했었다. 다급한 상황에 몰리다 보면 사리판단이 흐려지기도 했으니 말이다.

어느 정도 궤도에 올라가게 되니 그다음부터는 그런 사람을 가리는 눈을 가지게 된 거 같다. 실제 능력이 없는 사람일수록 사람을 통한 능력을 발휘하려 애쓰는 경향이 있다. 인맥 과시의 부메랑은 양치기 소년처럼 왕따로 돌아올 수 있다는 걸 잊지 말자.

아는 척으로 기선 제압하지 마라.

상대보다 자신이 더 우월해야 직성이 풀리는 사람이 있다.

승부욕과 신경전은 분명 다르다. 상대에게 인정받고 싶은 것보다 상대보다 잘났다고 으스대고 싶은 심리가 강한 것인데, 이것은 기선제압을 하는 신경전이지 승부욕이 아니다. 얇은 지식으로 상대를 가르치려 들지 마라. 그나마 가진 지식을 무지로 만드는 실수를 스스로 범하는 꼴이 될 수 있다. 가만히 있으면 중간은 갈 수 있다. 자세히 알지도 못하면서 아는 척하려 드는 것도 습관이고 상대를 기전제압하려 들다 오히려 추한 이미지가 될 수 있다는 걸 염두에 두자.

나이가 들고 보니 벼는 익을수록 고개를 숙인다는 말이 더 깊은 이해가 되었다. 적당한 자신감을 토대로 가진 겸손은 인품을 높여준다고 본다.

10
꿈을 잡은 15년, 그 후 15년

내년 2022년이면 창립 30주년이 된다.

기술이 있어야 평생 일을 할 수 있고, 굶어죽지 않는다는 생각으로 기술을 익혔다. 기술이 있으니 배고픈 생활은 없을 거라고 확신은 했지만 만족감은 높지 않았다. 처참함이라는 수식어가 붙은 가난 속에 살았던 어린 시절에 대한 보상을 받고 싶었기에 그저 먹고 사는 것에 만족할 수 없었을지도 모른다. 월급으로는 그럭저럭 살아갈 수 있지만 내가 꿈꾸는 잘사는 생활은 아닐 거 같았다.

처음부터 그런 꿈을 꾼 건 아니었다. 그냥 막연하게 남들보다 더 잘살고 싶다는 생각만 했었다. 하지만 월급으로는 그 생각이 이루어질 거 같지 않았다.

그러다 문득 내 기술력으로 사업을 해 보자는 생각이 들었

깡 하나로 美친 꿈을 이루다

고, 내 가족 모두가 남들보다 더 잘 살려면 돈이 있어야겠다는 생각이 들었던 거였다. 어떤 계산으로 30억이라는 목표를 세운 건 아니었다. 그저 머리에 떠오른 숫자가 3억이 아닌 30억이었다.

앞장에서도 말했지만 친구 사무실에 책상 하나 빌려 시작했고, 연쇄 부도를 맞는 고난과 부도를 낼 역경을 무사히 넘기며 밀고 나갔다. 마치 한껏 성난 파도타기를 하는 형상이었다.

주변에서는 내가 그런 위험한 파도를 잘 탄 것이 운이 좋아서라고 하지만 난 그 운을 만들어갔기에 가능했다고 생각한다. 분명한 건 가장 큰 자산인 믿음과 신뢰가 없었다면 부도를 이겨내지 못했을지도 모른다. 돈의 자산이 없는데 어떻게 부도의 위기를 넘길 수 있었겠는가. 내 성실성에 믿음과 신뢰를 가진 채권자와 은행 관계자, 거래처 사람들이 나를 지원해 주지 않았다면 지금의 성원기업은 존재하지 않았다.

밖으로 돌며 영업과 납품하는 일이 많아지면서 내부적으로 총무 일을 봐 줄 직원이 필요했지만 인건비를 들일 상황은 아니었다. 매출이 늘어 인건비 정도는 지출할 수 있었지만 납품받지 않고 직접 생산을 하려면 공장 설비를 해야 했고 그 자금을 준비할 때까지는 허리띠를 졸라매야 한다는 다짐으로 아내에게 내부 일을 맡겼다. 이윤이 더 남는 직접 생산, 그것이 회사를 키우는 길이었으니 내 뜻을 도우려 아내는 어린 아이를 업고 나와 일을 도왔다. 그렇게 어린 두 아들과 아내의 희생이 뒷받침되어 창립 15년이 되었을 때 내 미친 꿈이 이루어졌다.

막연히 꾼 꿈이 이루어졌을 때 그래도 이루었다, 좀 더 큰 미친 꿈을 꾸었을 걸…… 행복과 후회의 두 가지 감정이 교차했다.

어려운 시절이 있었기에 직원들 중엔 나처럼 힘겨운 삶을 사는 사람은 없는지 세심하게 살펴보려 노력해 왔다. 대기업만큼 큰 비전이나 높은 연봉은 줄 수 없지만 희망을 주려 신경 썼다. 마음을 말로 다 전달할 순 없지만 난 함께하는 직원을 가족이라 생각하며 비전과 희망을 주려 한다. 하지만 가끔 어쩔 수 없는 현실에 떠나는 직원을 보면 가슴이 아프다.

꿈을 이루고 14년이 흘렀다. 내년 30주년이면 꿈을 이루고 반반의 세월이 흐른 셈이다. 꿈을 묻은 성원에서 꿈을 이루었다. 같은 업종에서는 최고가 되고 싶어 고군분투하며 달려왔다. 그런데 바이러스 전쟁에 갇히며 경제 침체기를 맞다 보니 내실이 아닌 규모 키우

깡 하나로 美친 꿈을 이루다

기에 너무 몰두했다는 후회와 반성이 되었다. 작으면 작은 대로 크면 큰 대로 그 상황에서 번민과 아픔이 있기 마련이다. 하지만 규모가 클수록 더 많은 사람의 희생과 아픔이 동반된다는 걸 느끼며 요즘은 마음이 무거울 때가 많다.

'이 또한 지나가리.', '겨울이 가면 봄은 온다.', '새벽이 오기 전이 가장 어둡다.' 이런 말들이 내 가슴에 깊이 박히는 걸 보면 이 시기가 내 어깨를 무겁게 짓누르고 있는 거 같다. 하지만 나만의 어려움이 아니기에 꿈을 이루기 위해 달려갔을 때보다는 한결 가볍게 뛰어넘을 거 같다는 자신감을 가지려 한다.

PART

3

성공의
지름길

무재칠시(無財七施 : 가진 게 없어도 남에게 베풀 일곱 가지)

첫째, 화안시(和顏施)
얼굴에 화색을 띠고 부드럽고 정다운 얼굴로 남을 대하는 것

둘째, 언시(言施)
말로써 남에게 얼마든지 베풀 수 있으니 사랑의 말, 칭찬의 말, 위로의 말, 격려의 말, 양보의 말, 부드러운 말 등을 하는 것

셋째, 심시(心施)
마음의 문을 열고 따뜻한 마음을 주는 것

넷째, 안시(眼施)
호의를 담은 눈으로 사람을 보는 것처럼 눈으로 베푸는 것

다섯째, 신시(身施)
몸으로 베푸는 것, 즉 몸으로 할 수 있는 모든 일

여섯째, 좌시(坐施)
자리를 내주어 양보하는 것

일곱째, 찰시(察施)
굳이 묻지 않고 상대의 마음을 헤아려 알아서 도와주는 것

-잡보장경雜寶藏經

깡 하나로 美친 꿈을 이루다

01

지기지피 백전불태 知己知彼 百戰不殆

지피지기 백전불태(知彼知己 百戰不殆 : 상대를 알고 나를 알면 백 번 싸워도 위태롭지 않다.)

    일 추진 시 상대나 사회적 환경을 파악하고 그것에 맞설 자신의 상황을 꿰뚫는다면 백 번 싸워도 위태롭지 않다는 손자병법에 나오는 말이다. 많은 사람들이 잘못 알고 있는 백 번 모두 이긴다는 백전백승이 아닌 위태롭지 않다는 백전백태이다. 상대나 자신을 파악해도 백전백승이 아닌 백전백태라는 건 상대 또한 똑같은 병법을 쓸 수 있기에 승리를 보장할 수 없다는 뜻인 거 같다. 그래서 전쟁 상황을 잘 꿰뚫어도 위태롭지 않다는 건 이기지는 못해도 참패는 당하지 않는다는 뜻을 담았다고 생각한다. 아무리 상황을 잘 파악해 꿰뚫고 있어도 실수를 범할 수 있기에 돌다리도 두들겨 보라는 말이 있는 것이다. 모든 상황을 잘 파악했다는 지나친 자신감은 자만심으로 번져 긴장의 끈을 느슨하게 만들 수 있다. 그러다 보면 실수가 아닌 실패로 이어지게 될 수도 있기 때문이다. 자기 꾀에 자기가 넘어간다는 말처럼 자신의 지략을 믿고 자만하는 사람들이 스스로 낭패를 만들어 버린다.

생사를 넘나드는 치열한 전쟁터에서는 자칫 방심하게 되면 위태에 빠질 수 있다. 그런 자신의 마음 상태 점검도 중요하다는 걸 깨닫고 관리하면 승리는 못해도 처참한 패배는 막을 수 있다.

知彼知己百戰不殆 不知彼而知己一勝一負 不知彼不知己每戰必殆
지피지기백전불태 부지피이지기일승일부 부지피부지기매전필태

적敵의 사정事情과 나의 사정을 잘 알면 백 번 싸워도 위태롭지 않으며, 적의 사정을 잘 알지 못하고 나의 사정을 잘 알면 한번 이기고 한번 지며, 적의 사정과 나의 사정을 잘 알지 못하면 싸울 때마다 반드시 위태롭다.

그런데 난 위의 손자병법에 나오는 말보다 난중일기에 있는 이순신 장군의 知己知彼(지기지피 : 나를 알고, 적을 알아야 한다)라는 말을 더 공감한다.

깡 하나로 美친 꿈을 이루다

상대를 파악하는 것보다 자신의 장단점과 문제점을 정확히 진단하고 파악하는 것이 우선이라고 생각한다. 상대를 정확히 관찰하고 파악했다고 자부하지만 놓치는 부분이 있을 수 있다. 그런데 놓치는 부분은 간과하고 상대(또는 사회)의 상황에 맞춰 자신의 장단점을 파악해 대응하다 보면 생각대로 흘러가지 않는 상황이 발생될 수밖에 없다. 시간이 촉박해 여유롭게 처리하지 못하는 상황이나 문제점을 수정할 수 없는 급박한 경우라면 위태로움에 빠져 허우적거릴 수도 있다. 한 수 물릴 수 없는 전쟁이나 시합에서는 패배라는 굴욕만이 남을 뿐이다.

그래서 항상 변수 발생도 고려해야 한다. 예상치 못한 변수는 무엇일지 미리 따져보고 그에 대한 대응책도 소홀히 해서는 안 된다. 그래야만 패배를 당할지라도 빠져 나올 수 없는 늪에서 허우적거리는 위태함은 벗어날 수 있기 때문이다.

가장 먼저 자신의 문제점과 장단점을 정확히 파악하고 거기에 맞는 상대(사회)와 맞서는 것이 백전불태에서 백전백승으로 이어지게 한다고 생각한다.

그래서 난 사업을 시작하기 전 소기업과 중소기업에서 근무하면서 여러 실무들을 익혔다. 자기 업무만 몰두하면 되는 대기업에서 보는 사회와 여러 업무를 수행해야 하는 소기업, 중소기업에서 근무하며 부딪치는 사회는 다르다. 모든 부분에서 장단점을 느끼고 배워야 내 사업을 꾸려 나갈 수 있다고 생각했다. 그래서 사업 시작 전 내 단점을 보완하고자 수업료를 받아가며 경영수업이 아닌 경험수업을 받은 셈이다.

우여곡절 끝에 지금까지 사업을 끌어올 수 있는 가장 큰 원동력이 바로 실무 경험이었다. 자신의 문제점을 객관적으로 냉철하게 파악하는 사람이 상대(사회)에 대한 파악도 객관적이고 냉철한 눈으로 파악할 수 있다.

예고 없이 갑자기 맞닥뜨려진 상황일지라도 그것에 맞서는 자신의 모습부터 객관적으로 냉철하게 파악한다면 맞서는 상대에 맞게 무엇을 어떻게 해야 하는지 답을 구할 수 있다. 많은 사람들이 타인에 대해서는 날카롭게 부정적 평가와 조언을 하면서 정작 자신에게는 관대하다. 타인으로부터 자신의 단점이나 문제점에 대해 평가를 받거나 충고를 듣는 걸 즐기는 사람은 없다. 그런데 자신은 싫어하면서 남에게는 상처를 주는 사람들이 의외로 많다는 사실이다.

난 '내가 싫으면 남도 싫은 거다'는 생각을 가볍게 여기지 않고 내가 듣기 싫은 말은 상대에게 하지 않으려 노력한다. 사회적 만남이

깡 하나로 美친 꿈을 이루다

다 보니 노파심에 하급자들에게 듣기 거북한 말들을 늘어놓기도 한다. 하지만 그럴 때는 가급적 상처가 되지 않게 채찍과 당근을 같이 주려고 노력한다.

너무 어려운 시절이 있었기에 '잘 살아보고 싶다', '성공하고 싶다'는 열망을 가슴에 담고 살았다. 처참하다는 말이 나올 정도로 힘겨운 시절에 대한 보상심리와 나를 업신여기거나 동정했던 사람들에게 보란 듯이 살고 싶었다. 그래서 난 앞만 보며 부지런히 달려왔다. 오로지 내 일만 하며 앞만 보고 달렸던 것이 지금 현재는 나의 단점으로 자리 잡고 있다는 걸 어느 순간 깨달았다. 한우물만 파는 성실성도 중요하지만 빠르게 변화하는 이 시대에는 하나밖에 모르는 것은 큰 단점이 될 수 있다는 것을 요즘 새삼 많이 느끼고 있다. 하지만 이제라도 내 문제점을 파악했다는 걸 감사하게 생각한다.

옛날 공상 영화에서나 나오는 바이러스 전쟁, 그것이 이렇게 빨리 우리에게 다가올 줄 상상도 못했다. 바이러스와 싸우는 영화, 그걸 보며 난 그저 영화일 뿐이라고 생각했었다. 왜, 나는 그런 전쟁을 겪지 않고 살 거라며 나태한 생각을 했었는지 요즘 코로나에 갇힌 경제를 보며 많은 자책을 했다. 너무 힘든 상황에 부딪치며 상상하지 못한 상황들이 발생할 수 있다는 가정을 배제하지 말고 살아야겠다는 경각심이 들었다.

유비무환有備無患, 예상할 수도 없었던 일이 현실이 되는 걸 보며 시대에 패배당하지 않으려면 더 많은 노력과 대비를 해야겠다는 다짐을 했다. 그리고 바이러스에 갇히지 않는 블루오션, 그것을 상상하며 지기지피 백전불태知己知彼 百戰不殆를 다시 한 번 새겨본다.

깡 하나로 美친 꿈을 이루다

02

혼자가 아닌 더불어

영국의 한 신문사에서 두둑한 상품을 걸고 퀴즈를 냈다.

〈런던에서 맨체스터로 가장 빨리 가는 방법은 무엇인가?〉

학자들과 일반인 등 많은 사람들이 빠르게 갈 수 있는 방법을 연구해 답을 제출했다.

두둑한 상금을 받은 1등의 답은 '좋은 친구와 함께 가는 것'이었다고 한다.

이 이야기를 듣고 난 무릎을 쳤다. 아무리 멀고 험한 길이라도 좋은 사람과 함께 가면 고단함과 지루함을 잊을 수 있다.

자신이 좋아하는 일을 하면 힘들고 긴 시간도 즐겁고 짧게 느껴지고, 좋은 사람과 대화를 하다 보면 시간도 금방 지나간다. 반대로 하고 싶지 않은 일을 할 때는 10분도 하루처럼 길게 느껴지고 힘들지 않은 일임에도 피로를 느끼게 된다. 불편하고 싫은 사람과 함께 있을 때는 시계바늘도 유난히 늦게 움직여지는 것 같은 느낌이 들기도 한다. 피부색이나 국적, 나이에 관계없이 사람 마음은 똑같다는 생각을 하며 고개가 끄덕여졌었다.

사회는 혼자가 아닌 더불어 사는 곳이다. 혼자 아무리 열심히 한다 해도 사람들의 도움 없이는 성공으로 이끌어 갈 수 없다. 물론 혼자 연구를 하는 직업이라면 혼자서도 가능하겠지만 그 연구가 사회에 응용되게 하거나 돈으로 환산되게 하려면 사람들의 도움이 필요하다. 심심풀이로 연구를 하는 것이 아니라면 말이다.

팀웍과 협업이 중요하다. 혼자보다는 더불어 힘을 합치면 몇 배의 시너지를 낼 수 있다. 그런데 팀웍을 이루려하지 않고 독불장군식으로 혼자만 하려는 사람들이 의외로 많다. 자신의 생각과 방식만이 맞다며 고집을 피우고 주변의 조언이나 도움을 받으려하지 않는다. 이런 사람들은 우물 안 개구리가 될 뿐만 아니라 기피 대상 1호가 된다. 스스로가 그런 대상을 자처하면서도 자신의 문제점은 파악해 보지 않고 주변 사람들이 자신을 왕따시킨다며 타인의 문제로 돌리기도 한다.

가끔 이런 사람들을 보면 답답하고 안타깝다. 각자의 장, 단점이

깡 하나로 美친 꿈을 이루다

있기 마련이다. 협업은 서로의 단점을 보완하고 장점을 승화시켜 능률 향상뿐만이 아니라 자신의 부족한 부분을 채워 나가는 배움의 기회가 된다는 것을 알아야 한다. 또한 사회는 혼자가 아닌 더불어 사는 곳이기에 팀웍과 협업이 필요하다는 걸 잊지 말았으면 좋겠다.

자본금도 거의 없이 사업을 시작할 수 있었던 건 내 능력보다 나를 믿고 물건을 대준 사람들이 있었기에 가능했다. 부도가 났을 때도 내 성실함을 담보로 나를 믿고 도와 준 사람들 덕분에 부도를 막을 수 있었다. 만약 부도를 막지 못했다면 다시 재기까지 오랜 시간이 걸렸을 테고 만약 재기가 불가능해졌다면 30억은 美친 꿈이 아닌 진짜 미친 꿈이 되었을지도 모른다.

1997년 IMF 때 나도 직격탄을 맞아 첫 부도가 났다. 너무 놀라면 아무 생각이 들지 않는다는 말이 무슨 뜻인지 그때 처음으로 알았다. 너무 놀라고 당황하니 그 순간에는 내가 무엇을 어떻게 해야 하는지 아무 생각이 들지 않았다. 한숨을 내쉴 힘도 없이 하루를 그냥 보냈었다. 이틀째 되는 날 아침 일찍 내 신용을 믿고 도와준 은행 직원에게 달려가 어음할인을 부탁했다. 그리고 채권자들을 일일이 찾아다니며 부도를 막고 확실히 지불할 테니 믿고 어음을 돌려달라고 사정했다. 한 사람은 곤란해하며 내 속을 타게 만들었지만 채권자 대부분은 나를 믿어주었다. 은행과 어음결제원에 찾아가 열심히 해 꼭 다 갚아나갈 테니 도와달라고 통사정을 했다. 부도를 막으려 혈안이 된 사장들을 많이 본 기관 사람들은 애원하는 내 모습에도 처음에는 아무 반응이 없었다. 그런데 매일 찾아가 사정을 하는 내 모습을 보며 진심이 담겼고 그 신념과 의지라면 다시 재기할 수 있을 거라고 위로해 주며 열흘 만에 부도해지 결정을 해주었다.

누군가 나를 믿어준다는 사실이 다시 주먹을 힘껏 쥐어야겠다는 다짐을 하게 만들었다. 믿음, 신뢰 이런 말을 쉽게 하지만 사람의 마음을 움직이는 게 쉽지는 않다. 절실한 표정으로 믿어달라고 하면 누군가 믿어줄까, 자신은 정말 실망시키지 않을 자신이 있지만 상대가 믿어주어야만 그 의지를 불태우는 거다.

사실 화장실 갈 때와 나올 때는 다른 법이다. 날 믿어준 사람들 덕에 어려운 고비를 넘겼기에 나 역시 그런 절실함을 가진 사람들을 믿으려 했다가 발등을 많이 찍혔다. 그래도 '이 사람은 안 그럴 거 같다'고 했지만 역시라는 결과가 나오면 내가 사람 보는 눈이 너무 없는 건 아닌지 자학까지 한 적이 있었다. 사람 보는 눈도 시행착오를 겪어야만 되는 거 같다.

여하튼 난 내 입으로 말한 것은 하늘이 무너져도 지킨다는 신념을 가지고 임했다. 시간이 조금 지연된 적은 있지만 약속을 지키지 않은 적은 없었고, 그 결과로 나에 대한 신뢰 금고에 적립금이 쌓이게 된 셈이다.

많은 사람들이 라피끄(Rafik : '먼길을 함께 할 동반자'라는 뜻을 지닌 아랍어)를 곁에 두고 싶어 한다. 나 역시 따뜻한 힘이 되는 라피끄와 함께하고 싶다. 그런데 나이가 드니 내가 주변사람들에게 든든한 힘을 주는 라피끄가 되어야겠다는 생각이 들었다. 내가 먼저 그런 사람이 된다면 내게도 값진 라피끄가 생기게 될 테니 말이다. 기다리며 찾는 시간에 내가 먼저 다가간다면 더 의미 있고 값진 사람들이 내 곁으로 모일 거라 믿는다.

03

초심 初心

깡 하나로 꿈을 향한 도전을 하며 초심을 잃지 말자고 다짐했었다. 그런데 사람인지라 초심을 지키는 것이 쉬운 듯 어려운 것 같다. 희미해져 가는 초심을 느낄 때면 그것을 잃지 않기 위해 경각심을 가지려 한다. 난 생각을 정리하고 싶을 때 혼자 산행을 하는데 정상에 올라 아래를 내려다보며 초심을 다시 한 번 점검해 본다. 밀가루로 끼니를 때우며 살아 밀가루 음식은 가까이 하지 않지만 어려운 고민과 중요한 결단을 내리려할 때는 밀가루 음식을 먹으며 마음을 다지고 생각을 정리한다.

절심함으로 싹튼 간절함이 꿈을 향해 항해를 하게 만들었다. 처참한 고난으로 다져진 깡이 있었기에 가시밭길이라도 맨발로 걸을 수 있다고 생각했다. 아니, 걸을 거라 다짐하며 주먹을 쥐었었다.

- 어떠한 고난과 역경이 올지라도 두려워하지 말고 단지 지나가는 과정이라고 생각하자.
- 생각대로 되지 않더라도 실망은 하되 포기는 하지 말자.
- 목표에 도달했다고 주먹을 펴고 안주하지 말자.

이런 결심을 가슴에 담고 사업을 시작했다. 그런데 산에 올라 내 초심을 점검해 보면 조금은 희미해진 부분이 있는 거 같아 내 자신을 경계하려 한다. 실망이 포기로 이어진 것이 있을 때 난 혼자 산 정상에 올라 그 결정이 무모하지 않은지 후회는 없을지 다시 한 번 점검해 본다. 열정 하나로 지금까지 달려왔지만 혹시 그 열정에 자만은 담겨 있지 않은지도 체크해 본다. 나도 모르게 싹튼 자만과 과욕이 초심인 척 내 마음에 자리를 잡은 건 아닌지 가끔 걱정되어 내 자신을 냉철하게 돌아보고 점검하려 한다.

사랑의 유통기간을 대략 18개월에서 30개월이라고 한 어떤 심리학자의 관찰 결과를 보며 열렬한 사랑도 유통기간이 있을까 하는 생각을 했었다. 깊이에 따라 유통기간도 달라지겠지만 그래서 정으로 산다는 말이 나온 거 같다. 사람인지라 초심을 지키며 사는 건 쉽지 않지만 수시로 점검하고 다지면 초심을 잃어버리지는 않는다고 생각한다. 지키며 살지는 못해도 잃어버린다면 목표도 사랑도 함께 상실하기 때문이다. 하지만 초심을 지킨다고 말로 떠드는 건 자신이 교만해졌다고 공표하는 격이 되고 만다는 걸 간과하는 사람들이 간혹 있다.

한 지인이 자신은 겸손과 미덕을 겸비하자는 초심을 지키며 산다고 했다. 그런데 그 사람은 평소 자신을 내세우려 하고 사람들의 말은 귀담아 듣지 않아 독불장군이라는 닉네임이 붙어 있었다. 주변에서 자신을 어떻게 평가하는지는 관심이 없고 초심을 내세우며 자신을 과대 포장하는 그 사람을 보며 혹시 나는 그런 실수를 하지 않은지 되돌아 본 적이 있었다. 초심은 머리와 마음에 담고 조용히 생활 속에 실천하는 것이 아닐까.

아무리 좋은 청정수라도 오래 고여 있으면 썩기 마련이다. 마찬가지로 초심도 마음에만 담고 있으면 퇴색될 수 있다고 생각한다. 머리와 마음에만 간직하고 있는 것이 초심을 지키는 것일까. 그것을 실행으로 옮기지 않으면 아무 소용이 없다. 내 초심이 썩지 않고 온도가 낮아지지 않도록 수시로 감찰하고 점검해야 한다.

초심을 잃지 않으려 노력하며 살았지만 나이가 들수록 온도가 낮아지고 있다는 생각이 들어 고심을 했었다. 열정의 온도를 올려

야겠다고 다짐했는데 요즘 글을 쓰면서 다시 귀어초심歸於初心이 되

어 꺼져 가는 열정에 불이 지펴지는 거 같아 행복감을 느낀다.

04
원인과 결과인 현재

───────────────────────

과거의 결과, 미래의 원인은 현재이다. 현 상황을 보면 과거에 어떻게 살았는지 어떤 미래가 펼쳐질지 답이 보인다.

열심히 살았는데 현실은 왜 이 모양인지 모르겠다며 푸념하는 사람들이 많다. 나 역시 꿈을 향해 달려가면서 문득문득 그런 생각이 들면 힘이 빠지곤 했다.

'죽기 살기로 열심히 했으면 이제는 도달해야 하지 않나.'

잠도 줄여 가며 열심히 하면 목표가 앞당겨 올 줄 알고 이런 푸념을 많이 했었다. '이쯤이면'이라는 속단이 목표를 향해 나아가는 발걸음에 속도 제어를 시킨다는 생각이 들어 내 생각대로 판단하지 말고 더 열심히 하자고 마음을 다졌다. 의욕 저하는 다시 마음을 다지면 되지만 의욕 상실은 꿈을 잃게 만들 수 있다고 생각해 기운

깡 하나로 美친 꿈을 이루다

이 빠질 때마다 주먹을 다시 불끈 쥐고 의욕을 불러 넣었다.

솔직히 목표가 달성될 때까지 펴진 주먹을 다시 쥐어보는 일이 손가락으로 셀 수 없을 정도로 많았다. 다 놓고 싶을 정도로 지쳤을 때도 그 지친 마음에 다시 활기를 넣으려 무던히도 애를 쓰며 전진했다. 뛰다가 걷고, 빠르게 걷다 잠시 제자리 걷기를 했지만 멈추지는 않았기에 목표점에 도달해 꿈을 이루게 되었다. 멈출 수 없는 간절함, 그것이 지금의 모습을 만들었다고 생각한다. 가장 어려운 대상은 내 자신이었고 나와의 싸움이 가장 힘들었다.

열심히 해도 안 되는 일이 있다. 자신은 열심히 했다고 생각하지만 경쟁 우위에 오를 정도로 열심히 하지 않았거나 성공으로 이끄는 포인트가 어긋난 경우에는 열심히 한 노력이 물거품으로 될 수도 있다. 남들보다 잠도 줄이며 열심히 공부해 90점을 맞는 사람도 있고, 벼락치기나 찍기로 95점을 맞기도 한다. 당연히 후자가 성과가 좋은 것이다. 찍어서 95점을 맞은 경우는 진짜 운이 좋았다고 볼 수 있지만 벼락치기로 95점을 맞은 경우는 시험에 대비해 포인트 공략을 잘하는 사람이라고 생각한다. 사회는 과정보다 성과나 결과를 중요시한다. 그래서 열심히도 중요하지만 잘하는 게 더 중요한 포인트라고 본다.

자신의 일이 타인의 일보다 더 힘들고 슬프게 느껴지기 마련이다.

'바닥을 치니 올라갈 일만 있더라.'

어려운 시기를 극복한 사람들이 간혹 이런 말을 한다. 이런 말을 들으며 어떤 사람은 난 왜 바닥을 쳤는데 올라가지를 못하느냐고 푸념을 한다. 그 바닥을 벗어날 때의 고통과 인내를 쉽게 생각하니 바닥에서 발을 못 떼게 되는 것이고, 그 원인은 자신에게 있다는 것을 생각해 봐야 한다. 성공인들은 바닥을 올라가는 힘을 발휘하는 발판으로 삼지만 성공하지 못하는 사람들은 바닥에 주저앉아 땅을 파니 당연히 지하로 내려갈 수밖에 없다.

큰 실패로 인해 지금까지 바닥에 있다면 올라가는 힘을 받기 위해 바닥을 어떤 발판으로 삼을 것인지 고민해 볼 필요가 있다. 타임머신이 있어 과거로 돌아갈 수 없다면 지나온 과거, 원인을 되돌릴 수는 없는 법이다. 다시는 똑같은 실수, 실패를 하지 않겠다는 비장한 각오를 가지고 발판에서 발을 떼려 발버둥 친다면 한 계단씩 위로 올라갈 수 있다. 처음 올라갈 때는 힘겹겠지만 다리에 근력이 붙으면 올라가는 발걸음에 탄력이 생겨 빨라질 수 있다.

지나온 과오를 한탄하며 바닥에 주저앉아 스스로 땅을 파 지하 계단을 만들고 있는 건 아닌지, 현재 자신의 모습과 상황을 냉철하게 점검하고 파악해야 한다. 정확한 진단이 나와야 쓰러지지 않

뛰다가 걷고, 빠르게 걷다
잠시 제자리 걷기를 했지만 멈추지는 않았기에
목표점에 도달해 꿈을 이루게 되었다.
멈출 수 없는 간절함,
그것이 지금의 모습을 만들었다고 생각한다.

는 안전하고 단단한 계단을 세울 수가 있다. 인명은 제천이라지만 100세 시대에 살고 있는 우리는 인생 이모작, 삼모작을 대비해야 한다.

잘못된 과거는 NG라고 생각하자. 그렇다고 잊어버리라는 말은 아니다. 내 현재를 그르치게 만든 원인은 정확히 규명해 반성하고 똑같은 실수, 실패는 하지 않도록 교훈으로 가슴에 담아 두어야 한다. 하지만 입으로 푸념하며 신세타령은 하지 말아야 한다. 정신건강을 해치게 만들기도 하지만 미래를 만드는 원인인 현재의 소중한 시간을 낭비할 뿐이다.

현재 자신을 보며 결과를 만든 원인을 다시 되짚어 보라. 그리고 미래의 원인인 현재를 어떻게 만들어 가야 할지 신중하게 고민해 보자. 어떤 결과를 만들고 싶은가. 그렇다면 그 결과를 위해 현재 어떤 모습으로 무엇을 해야 하는지 원인과 과정을 디자인해 보자.

이 세상에서 가장 비싼 금은 바로 '지금'이라고 한다. 꿈을 꾸었다면 그 꿈을 위해 바로 지금부터 실천에 옮겨보자.

척이 아닌 ~답게

이건희 회장의 '부자처럼 생각하고 행동하라. 나도 모르는 사이에 부자가 되어 있다.'는 말을 오인하는 사람들이 있다. 가난한 사람들 대부분은 살기 위해 허덕이느라 기회를 놓치기도 하고, 급한 마음에 일을 그르쳐 기회를 위기로 만들어버리기도 한다. 반면 부자들은 여유로운 사고로 사물을 판단하다 보니 실수와 실패를 줄이고 주변에 널린 기회를 잡아 더 큰 부를 축적한다. 그래서 난 이건희 회장의 '부자답게 생각하고 행동하라'는 말은 실제 부자들처럼 여유로운 사고로 주변을 보고 부자들처럼 자신감 있게 행동하다 보면 부자가 되어 있다는 뜻이라고 생각한다.

이런 건전한 철학을 갖지 않고 '척'으로 포장해 노력이 아닌 횡재를 노리는 사람들이 의외로 많다. '있는 척'해야 대우받을 수 있다는 착각에 빠진 사람이 있다. 물론 외적인 걸로 그 사람을 평가하게 되는 건 당연하다. 외면이 아닌 내면이 중요하지만 첫 만남에서는 외면으로 그 사람을 평가하게 된다. 그래서인지 신분이나 능력을 높이려면 외제차와 명품으로 포장해야 한다는 허황된 생각에 사로잡혀 있기도 하다. 자신의 경제적 능력을 벗어나 외제차를 타는 건 타인에게 과시하려는 의도가 있기 때문이다. 자신의 욕구 충족을 위해 빚을 내서라도 명품을 구입하는 건 뭐라 할 수 없다. 하지만 자신의 능력을 포장해서 누군가에게 피해를 주려 한다면 지탄받아 마땅한 일이다. 작정하고 사기를 치려는 사람은 못 당한다. 사기를 치려면 그럴싸한 능력을 보여줘야 해 겉치레가 필요하다. 산교육이 필요한 것이 나도 몇 번 사기를 당하고 보니 이제는 '있는 척'이 보인다.

'아는 척'해야 유식한 사람으로 평가받는다고 생각하는 사람이 있다. 이런 사람들은 남의 말에 경청을 못하고 중간에 말을 끊으며 끼어들기를 한다. 물론 성격이 급해 경청을 잘 못하는 사람도 있다. 하지만 자신이 아는 얘기가 나오거나 상대가 더 많이 아는 것처럼 느껴지면 바로 말을 끊어버려 화자를 당황하게 만들기도 한다.

모자라는 지식을 입으로 떠든다는 인상을 줄 수 있다는 것을 알

148   깡 하나로 美친 꿈을 이루다

아야 한다. 지식이 얕아 말수가 적고 상대의 말을 잘 경청하는 것이 아니다. 상대에 대한 배려심이 몸에 배서 그러는 경우도 있지만 굳이 아는 척을 할 필요가 없다고 느끼기 때문이다. 특히 협상이나 설득을 잘하는 사람은 상대의 말을 경청하여 상대의 의중을 읽어낸다.

'잘난 척'도 꼴불견 중 하나이다. 현재 성공해 잘난 척하는 건 곱지 않게 보지만 부러움을 느끼게 한다. 그런데 현재는 내세울 게 없는 사람들이 '잘난 척'을 하는 경우가 많다. 이런 사람들은 확인되지 않은 과거 '우리 할아버지가', '내가 이십 년 전에는' 이런 말을 늘어놓는다. 또는 '내가 OO와 아주 친밀하다', 'OO는 내 말이라면 죽는 시늉까지 한다'며 유명한 사람들을 내세워 거들먹거리기도 한다. 사업 초기에는 연관된 사람들을 수소문해서 소개를 받기도 했었기에 이런 사람들에게 몇 번 당하기도 했었다.

어느 정도 인맥을 다지고 나니 자신의 입으로 먼저 누구, 누구를 안다는 사람을 보면 허세 끼가 있는 사람이라는 생각이 든다.

자신을 조금 포장하기 위해 과장하는 경우는 있다. 하지만 과장과 허세는 분명 차이가 있고 다르다는 걸 알아야 한다. 과장은 애교로 넘길 수 있지만 허세는 자신이 가진 능력까지 저평가되게 만들 수 있다는 걸 잊지 말았으면 좋겠다.

　정말 능력이 있고 잘난 사람은 가만히 있어도 주변에서 알아주게 된다. 자신의 입으로 '척'을 한다는 건 스스로가 자신은 능력이 없다고 공표하는 격이 되고 만다는 사실을 그냥 흘러버려서는 안 된다. 열정과 자신감이 넘치는 젊은 사람들이 척을 하면 젊은 기세로 그럴 수 있다고 이해가 되어 포용하게 된다. 하지만 중년 이상이 된 사람들이 척을 하면 자신의 품격만 더 깎아내린다는 걸 알았으면 좋겠다. 그래서 나이가 들수록 말은 줄이라고 했다.

　'부자답게', '프로답게', '지식인답게' 이렇듯 나는 '~답게'라는 말을 좋아한다. 지금까지 살면서 많은 사람들을 보니 스스로가 자신의 인품을 높이는 사람들이 ~답게 언행을 하는 거 같다. 그런 사람들은 많은 사람들로부터 인정받고 대우받아 좋은 사람들이 많이 모여들게 된다.

　치장으로 품위유지는 할 수 있지만 품격과 인격은 높일 수 없다. 인격은 자연스럽게 언행으로 표출되는 것이기에 평소 습관으로 만들어가야 한다.

　품격 있는 생각이 인격이 높아 보이는 표정과 태도를 만든다고 생각한다.

06

특별한 사람

어디에서든 특별한 사람으로 대우받는 사람이 있다. 돈이 많고 학식이 높다고 그런 사람이 되는 건 아니다. 역지사지 정신으로 상대와 주변을 배려할 줄 알고, 겸손해 드러내지 않지만 배울 점이 많은 것 같은 사람은 함께 하고 싶은 사람으로 남게 된다. 난 뒷모습에도 향기가 나는 특별한 사람으로 기억되고 싶었다.

- 역지사지 사고를 갖자.
- 긍정적 언행을 하자.
- 상대를 인정해 주자.
- 돈 안 드는 칭찬과 웃음을 아끼지 말자.
- 대우받으려 하지 말고 대우해 주고 싶은 사람이 되자.

그래서 이 다섯 가지를 인간관계 철칙으로 만들어 습관을 들이려 노력했다. 처음에는 싫은 사람, 인정해 주고 싶지 않은 사람 앞에서는 감정 컨트롤이 쉽지 않았다. 하지만 누구와도 적은 만들지 말자는 생각으로 좋은 척은 못해도 싫은 티는 내지 않으려 노력했다. 사람은 상대적이라 감정이입이 되어 상대 또한 내게 나쁜 감정을 느끼게 되면 적이 될 수밖에 없다. 무엇이든 처음이 어려운 법이다. 감정 컨트롤도 습관을 들이니 애써 신경 쓰지 않아도 자연스럽게 제어가 되었다.

아래는 지인이 보내준 좋은 글이다.

뉴욕의 어느 고등학교 교사가 자신의 반 학생들에게 상을 주기로 하고 한명씩 앞으로 나오게 했다. 한명씩 차례대로 나온 학생에게 황금색 글씨로 '당신은 내게 특별한 사람입니다'라고 적혀 있는 파란색 리본을 가슴에 달아주며 반에서 얼마나 특별한 존재인가를 설명해 주었다. 자신이 특별한 존재였다는 사실을 안 학생들의 얼굴에는 뿌듯한 미소가 번지고 어깨에 힘이 들어갔다. 이런 학생들의 모습을 본 교사는 한 가지 계획을 더 세웠다. 교사는 학생들에게 세 개의 파란색 리본을 더 주며 그 리본을 주변 사람들에게 달아주고 일주일 후 결과를 써 내라는 숙제를 주었다.

한 학생은 진로문제에 대해 친절하게 상담해준 적이 있는 어느 회사의 부사장을 찾아갔다. 학생은 부사장의 옷깃에 파란 리본을 달아주면서 감사의 말을 드린 후 두 개의 리본을 더 드리면서 "이 두 개의 리본은 부사장님께서 존경하는 특별한 사람에게 달아주시고, 나머지 한 리본은 그 사람의 특별한 사람에게 달아 주시면 좋겠다."고 정중하게 말했다. 그리고 그 결과를 일주일 후에 자신에게 꼭 알려달라고 했다.

리본을 받은 부사장은 지독한 인물이라는 정평이 나 있는 사장에게 가서 리본을 달아주며 그가 가진 천재성과 창조성에 대해 진심으로 존경을 표시했다. 사장은 무척 놀라워하면서도 기뻐했다. 부사장은 나머지 리본 한 개를 사장에게 주며 "이 리본을 사장님께서 소중히 여기는 특별한 사람에게 달아 주시면 좋겠습니다."라고 말했다.

그날 밤 집으로 돌아간 사장은 열일곱 살 난 아들을 불러 앉혀 놓고 말했다.

"오늘 정말 믿을 수 없는 일이 일어났어. 부사장이 내 방에 들어와 내가 대단히 창조적이고 천재적인 인물이라면서 이 리본을 달아 주었단다."

사장은 가슴에 달린 '당신은 내게 특별한 사람입니다'라고 적힌 리본을 아들에게 보여줬다.

"그리고 다른 리본을 하나 더 건네주면서 내가 특별히 소중하게 여기는 사람에게 달아 주라는 거야. 누구에게 이 리본을 달아 줄까 생각하다가 널 생각해 내었지."

놀라는 아들을 보며 사장이 말을 이었다.

"난 사업을 하느라 하루 종일 눈코 뜰 새 없이 바빠서 집에 오면 너한테 별로 신경을 쓸 수가 없었어. 하지만 오늘밤 난 너와 이렇게 마주 앉아서 네게 이 말을 꼭 해주고 싶었어. 너는 내게 누구보다도 특별한 사람이야. 난 널 사랑한다."

아버지 말에 놀란 아들은 흐느껴 울기 시작했다. 그리고 울먹이며 말했다.

"아빠, 사실 저는 내일 자살하기로 결심하고 있었어요. 아빠가 절 사랑하지 않는다고 생각했거든요. 이젠 그럴 필요가 없어졌어요."

헬리스 브리지스Helice Bridges가 〈당신은 특별한 사람Who You Are Makes A Difference〉이란 제목으로 쓴 글을 지인으로부터 받고 깊은 감동을 받았다.

난 글을 읽으며 내가 특별한 사람이 되는 것도 중요하지만 나에게 특별한 사람들에게 감사의 마음을 전해야겠다고 생각했다. 감사와 사랑의 마음은 가지고 있는 걸로 상대에게 전달할 수 없다.

피를 나눈 가족도 깊은 마음을 헤아릴 수 없는데 하물며 피도 안 섞인 남이 그 마음을 느낄 수 있을까. 나 역시 위의 사장처럼 꿈을 이루겠다고 내 가족들에게 소홀했던 것이 마음에 걸리고 미안했다. 그런데 중요한 건 그런 생각을 마음에 담고만 있었다는 사실이다. 내가 생각을 담고 표현 안 하며 살다 보니 가족들도 내게 표현을 안 해 소통이 단절된 부분도 있는 거 같아 반성하고 있다. 가장인 내 스타일이 가정의 문화를 만들었다고 생각하기 때문이다. 내가 이기적이고 독재적이라 그런 건 아니었다. 변명 같지만 워커홀릭이라는 말을 들을 정도로 일에 파묻혀 살다 보니 가정에서는 표현력 없는 남편, 아빠의 모습이 되어 버린 거 같다. 그러다 보니 쑥스러워 말을 담고 있었지만 이제는 표현하며 살려 노력하고 있다.

'자신에게 특별한 사람'이 있다면 감사와 사랑의 마음을 표현해 보자.

그럼 자신은 그들에게 더 특별한 존재가 될 것이다.

07

비움과 정리

몇 년 전부터 정리도 기술이라며 집안 정리를 해주는 수납 정리사라는 직업이 생겼다. 집안 정리도 전문가에게 맡기는 시대가 되었다는 기사를 보며 세상 변화를 새삼 느꼈었다. 그 여파인지 생각, 관계에 대한 정리 열풍이 불어 난 무엇을 비우며 정리를 해야 할지 고민해 보았다.

생각이 너무 많아 비우고 싶지만 무엇을 비워야 하는지 생각이 떠오르지 않았다. 무엇을 비워야 할지 고민하는 거 이것부터 비워야 하지 않을까 하는 생각이 들어 웃음이 나왔다.

코로나 때문에 전 세계가 경제적 타격을 받고 있다. 우리 업종만 경제적 불황에 고립된 것이 아니어서 어디다 푸념하기도 힘들다. 몇 달 사이 전국에 폐업이 2만 개가 넘었다는 기사를 보며 내가 힘들다고 하면 투정이 될 거 같아 너무 마음이 아팠다. 이런 시대가 올 줄 알았다면 규모를 늘리지 않았을 텐데, 요즘 같은 시기에는 이런 생각을 하는 사람들이 많겠지만 난 몇 년 전부터 그런 후회와 고민을 많이 해왔다.

시간을 돌릴 수 있다면 규모를 늘리지 않고 내실에 더 심혈을 기울이고 싶다. 사실 돈을 더 벌기 위해 회사 규모를 늘리지는 않았다. 더 단단한 회사를 만들고 싶은 욕심에 규모가 커졌는데 돌이켜 보니 그것이 오산이었다는 걸 느꼈다. 크고 단단한 회사, 그것이 내실을 단단하게 만드는 건 아니라는 걸 요즘 실감하며 조금 후회가 된다.

어려운 시기가 와서 매출감소로 후회를 하는 건 아니다. 회사가 커진 만큼 내 머리와 몸은 24시간이 모자랄 정도로 혹사당하고 있기에 반성과 후회가 되는 것이다. 그래도 조금 비우자고 다짐하지만 비울 수 없는 상황이 내 심신을 더 고달프게 만들었다.

농사를 모르는 사람들은 논에 물이 가득 차 있으면 벼가 잘 자라는 줄 안다. 논에 물이 항상 많이 차 있으면 벼가 부실해서 태풍이나 강풍에 쓰러지기 쉽다. 그래서 가끔은 물을 빼고 논을 비워야 벼가 튼튼해진다고 한다. 마찬가지로 비우지 못하게 만드는 상황이라도 한 번씩은 비워줘야 새로운 시너지가 발생한다고 본다.

-내가 생각하지 않아도 될 문제

굳이 내가 나서지 않아도 되는데 에너지 소모를 하는 건 무엇인지 따져봤다.

-쓸데없는 고민과 생각

오지랖이 넓어서인지 주변에 대한 것들을 그냥 넘기지 못하는 것이 내 장점이자 단점이다.

-예단하는 나쁜 습관

어떤 일이 생기면 결과를 미리 예단하는 습관이 있다. 괜한 고민을 했다는 후회를 한 적이 많아 고치려 노력하지만 아직도 남아 있는 습관이다.

비움을 고민하면서 내 머리를 무겁게 만들고 어지럽히는 위의 세 가지는 조금씩 비워 가자고 계획을 세웠다. 머리가 맑아야 사물과 세상을 보는 눈과 판단력이 밝아질 테니 이제는 비움이 중요하다고 느꼈다.

'크게 버리는 사람만이 크게 얻을 수 있다'는 말처럼 모든 걸 비우며 살 수는 없지만 에너지 소비만 시키는 쓸모없는 생각은 이제 비우며 살려 한다. 내 심신의 건강을 위한 가장 특효약이라 생각하기 때문이다.

사업을 하면 인맥도 자산이라는 생각으로 한 끼를 두 번이나 먹을 정도로 많은 사람들을 만나고 다녔다. 그런데 어느 순간 단 한 명의 큰 자산이 열 명, 스무 명보다 든든하다는 걸 깨달았다. 젊었을 때는 문어발식 인맥을 감당할 수 있었지만 나이가 들고 사업 규모가 커지다 보니 그것 또한 에너지 소비만 되고 큰 시너지 창출은 없는 무모한 짓이라는 걸 느꼈다. 그래서 분류를 해 관계 청산이 아닌 소원해지지 않도록 관계 정리를 해 나갔다. 이 정리를 하고 나니 시간의 여유가 생겨 내 시간을 가지게 되었다. 시간이 없어 등산조차 갈 수 없다며 푸념하던 내 모습을 되돌아보며 진작 이런 정리를 하지 않았던 걸 후회했었다.

의미 있는 값진 철학은 인격을 높여주고, 건강한 생각은 삶의 질을 높여준다. 하지만 이것저것 많은 생각을 담고 있으면 포화상태가 된 머릿속엔 다른 생각이 비집고 들어갈 자리가 없어진다. 아무리 맑은 물이라도 오래 고여 있으면 썩고 만다. 좋은 철학을 머리에 담고 살면 인격이 높아지게 되지만 정리되지 않은 많은 생각은 판단력을 흐리게 하고 선경지명을 방해할 수도 있다. 가장 중요한 건 과도한 채움은 스스로가 스트레스와 과로의 원인을 만들어 버린다는 사실이다.

자신을 무겁게 만드는 과거, 후회, 분노부터 훌훌 털어버리자. 담고 있어 봤자 내 심신만 썩을 뿐이다. 힘들게 하는 것들을 정리하고 비워야 맑고 밝은 기운이 들어올 자리가 생기는 법이다.

깡 하나로 美친 꿈을 이루다

근묵자흑 近墨者黑

먹을 가까이 하면 검어진다는 뜻으로, 나쁜 사람과 가까이 하면 나쁜 습관에 물들게 됨을 이르는 말이다. 맹모삼천지교, 공동묘지 근처로 이사를 가니 장례식 흉내를 내며 놀고, 시장 근처로 이사 가니 장사놀이를 하는 맹자를 본 어머니가 서당 근처로 이사를 옮기니 맹자가 열심히 공부를 해 정착했다는 이야기이다. 여기에서도 근묵자흑을 엿볼 수 있다.

환경과 친하게 지내는 사람에 의해서 사고와 언행이 바뀌어질 수 있다. 그래서 친한 사람을 보면 그 사람이 어떤 사람인지 알 수 있고, 그 사람을 보면 부모님과 가정환경이 어떠한지 느낄 수 있다. 가정교육을 잘 받은 아이들은 밖에 나와 어른을 보면 인사를 할 줄 안다.

'어른들을 만나면 인사를 잘해야 부모 욕 안 먹이는 거다'고 말로 교육을 받은 아이들이 예의바르고 인사를 잘할까. 부모님 말씀을 잘 듣는 아이들은 순종적으로 행하겠지만 청개구리 심보가 있는 아이들은 오히려 반발심에 역행을 할 가능성도 있다.

예의바르고 반듯한 아이를 보면 부모가 예의바르고 반듯하다. 참교육은 말로 하는 것이 아닌 몸소 실천하는 거라고 생각한다. 내 아이가 또는 내 직원들이 문제가 많다고 푸념하기 전 자신이 그들에게 어떤 모습을 보였는지 객관적으로 냉철하게 평가해 봐야 한다.

끼리끼리라고 같은 부류의 사람끼리 모이게 되고 친해지기 마련이다. 그런데 대부분의 사람들은 일이 잘 안 풀리거나 어려운 상황에 처하게 되면 평소 가깝게 지내던 사람들과 거리를 두거나 관계 청산을 하고 자신과 같은 처지의 사람들과 어울린다. 사업에 실패한 한 지인이 실직한 친구, 자신처럼 망한 친구들만 만나고 다녔다. 그러다 보니 사회에 대해 눈과 귀가 닫히고 있어 너무 안타까웠다. 그래서 어느 날 왜 잘나가는 친구들을 멀리하느냐고 물어봤다. 같은 처지에 있는 우울한 사람들만 만나느냐고 물으면 상처받을까 봐 우회적으로 돌려 질문했다. 동병상련으로 서로가 위로가 되고 대화가 통해서라는 답을 듣고 어느 불자에게 들은 이야기를 해주었다.

석가가 산책을 하다 길에 떨어진 종이를 보고 제자에게 주워 오라고 했다.

"그것은 어떤 종이냐?"

"이것은 향을 쌌던 종이입니다. 남아 있는 향기를 보아 알 수 있습니다."

석가의 질문에 제자가 답했다.

조금 가다 보니 길가에 새끼줄이 떨어져 있는 걸 본 석가는 제자에게 주워 오라고 했다.

"그것은 어떤 새끼줄이더냐?"

"이것은 생선을 묶었던 줄입니다. 아직 비린내가 나는 것에서 알 수 있습니다."

제자의 답을 들은 석가가 말씀하셨다.

"사람은 원래 깨끗했지만 살면서 만나는 인연에 따라 죄와 복을 부르는 것이다. 어진 이를 가까이 하면 도덕과 의리가 높아지지만, 어리석은 이를 벗하면 재앙과 죄가 찾아들게 마련이다. 종이는 향을 가까이 해서 향기가 나는 것이고, 새끼줄은 생선을 만나 비린내가 나는 것이다. 사람도 이처럼 자기가 만나는 사람에 의해 물들어가는 것이니라."

전해들은 이야기를 해주며 어려울 때일수록 같이 푸념하는 사람보다 일이 잘 풀려 행복을 담고 있는 사람들을 가까이 해야 좋은 기운을 받을 수 있다고 말해주었다. 슬픔은 나누면 반이 되고, 기쁨은 나누면 배가 된다는 말이 있다.

하지만 슬플 때 같이 슬프고 지쳐 있는 사람들만 만나면 그 슬픔과 어려움이 반이 될까. 오히려 더 지치고 의욕을 잃어 슬픔의 구덩이를 파는 형국이 되고 만다. 그럴수록 일이 잘 풀려 에너지가 넘치는 사람들을 만나 그 기운을 받아야 한다. 그렇다고 어려운 처지에 있는 사람들과는 멀리 하라는 뜻은 아니다. 어려울수록 힘이 되는 사람들을 만나야 좌절하지 않고 재도전하는 의욕이 생길 수 있다는 의미이다. 같은 처지에 있는 사람들과 만나서는 우울해지고 힘 빠지는 이야기는 피하고, 서로에게 용기와 힘을 주는 말을 나눈다면 좋은 기운을 불러 일으켜 시너지 효과가 날 것이다.

대부분 코드가 맞아서, 필이 통해서 친해진다고 한다. 서로가 같은 성향을 가지고 있으니 코드가 맞고 필이 통하게 된다. 그래서 가장 친한 사람을 보면 그 사람이 어떤 사람인지 파악할 수 있어 유유상종, 끼리끼리라고 표현한다. 가장 가깝게 지내는 사람들을 유심히 관찰해 보라. 그 사람을 통해 자신의 모습을 보게 될 수 있다.

또한 자신을 통해 가까운 사람들이 어떤 평가를 받을지도 점검해

보자.

09

지름길을 만드는 신뢰자산

자기 신뢰가 성공의 제1의 비결이다.
-에머슨

깡으로 사업을 시작했지만 너무 가진 것이 없어 소도 비빌 언덕이 있어야 비빈다는 속담을 절실하게 느끼며 뒷받침은 없지만 나 스스로 든든한 자산을 만들어야겠다는 다짐을 했다. 인사는 만사라고 좋은 인재들이 회사를 번창하게 만들지만 사업 초기에는 직원을 둘 형편이 못 되었다. 혼자 일인 다역을 했기에 직원을 뽑을 수 있을 때까지 주변 사람들을 내 인재로 만들어야겠다는 목표를 세웠다. 신뢰가 돈보다 더 든든한 자산이 될 거라는 생각으로 내 신뢰 자산을 쌓기 위해 무엇을 할지 고민하다 오성 목표를 세웠다.

-진실성

착한 것과 진실한 것은 다르다고 생각한다. 심성은 착하지만 진실되지 못한 사람들이 의외로 많다. 작은 것이라도 거짓이 드러나면 착한 심성에 흠집이 나고 심하면 착한 척했다는 오명을 쓰기도 한다. 그래서 난 절대로 거짓말은 하지 말자고 다짐했다. 간혹 뚱뚱하다고 생각하지만 뚱뚱하지 않고 조금 통통하다는 하얀 거짓말은 하지만 남을 기만하거나 진실을 숨기는 거짓말은 절대 하지 않으며 살았다고 자신할 수 있다.

-전문성

상대보다 더 많이 알고 있어야 업무적 신뢰감을 줄 수 있다. 하지만 내가 더 알고 있다고 내세우지 않으려 노력하고 주의했다. 가르치려 드는 모습은 상대의 마음을 상하게 할 뿐 아니라 거리감만 넓힐 수 있기 때문이다. 서로 기분 좋을 때나 화기애애한 대화를 나눌 때 우회적으로 상대가 모르는 부분을 조심스럽게 알려주려 했다. 자신이 하는 일에 스페셜리스트가 되어야 하는 건 당연하다. 이건 옵션이 아닌 필수이다.

-정확성

시간관념이 투철한 사람에게 신뢰가 간다. 늘 습관적으로 약속시간 오분, 십분 늦게 오는 사람이 있다. 한두 번은 사정이 있겠다고 이해를 하지만 매번 그렇다면 그 사람을 다시 보게 된다. 난 시간관념은 투철하게 지키려 노력한다. 내 신뢰성을 높이기 위해서이기도 하지만 상대가 나로 인해 시간 소비를 하지 않게 하려는 의미도 있다. 시간 개념 외에 내가 한 말은 꼭 지키고, 약속 날짜에 못지키는 경우는 사전에 미리 양해를 구해 나에 대한 불신감을 갖지 않게 하려 한다. 그리고 특히 업무에 대한 정확성은 필수요건이고 당연한 거다.

-성실성

무엇을 하든 어떤 자리이든 그 순간에는 거기에 맞게 최선을 다해 열심히 하려 한다. 남에게 보이기 위한 성실성보다 내 자신에게 성실한 것이 더 중요하다고 생각한다. 자신에게 성실성을 인정받는다면 자연스럽게 타인으로부터 성실성을 인정받게 된다. 스스로 칭찬하게 되고, 자신에게 달콤한 마시멜로를 주고 싶다면 의욕은 상승하게 된다. 누구를 위해서가 아닌, 내 자신을 위해 성실성을 몸에 배게 하려 노력하고 있다.

-일관성

순간순간 말과 행동이 달라지는 사람이 있다. 감정기복이 심한 사람인 경우도 있지만 순간을 덮기 위해 또는 립서비스로 말하는

깡 하나로 美친 꿈을 이루다

습관이 있다 보니 자신이 한 말을 잊어버려 그러는 사람이 더 많은 거 같다. 늘 한결같은 사람과는 함께 하고 싶어진다. 초심을 잃지 않는 것처럼 늘 한결같은 사람이 되는 것도 쉽지는 않다. 하지만 습관이 되면 어려운 것도 쉬워지게 되고, 습관이 안 되어 있으면 쉬운 것도 어려워지는 법이다. 늘 한결같은 일관성 있는 사람이 되는 사고와 언행을 습관화해 보자.

내 신뢰자산을 든든하게 할 오성을 지키려 노력해 왔다. 혼자 일인 다역을 해야 했던 시절에 주변 사람들이 영업과 업무 지원을 흔쾌히 해준 건 나를 신뢰했기 때문이라고 생각한다. 나를 믿어준 사람들을 실망시키지 않으려 노력했고, 그 노력이 더 큰 신뢰를 쌓게 했다는 걸 느꼈다.

타인에게 신뢰를 쌓고 싶다면 먼저 자신에게 신뢰를 쌓는 것이 중요하다. 자신을 믿지 못하는데 타인이 자신을 믿어주기를 바라는 건 어불성설이다. 내 자신에게 불신감을 갖는 건 무엇인지 생각해 보자. 그리고 그 불신을 바로 지금부터 해소시키고, 다시는 그런 모습이 자리 잡지 못하도록 각별히 주의하며 관리하자. 그러면 어느 사이에 습관으로 자리 잡고 있게 된다.

10

고난이 만들어준 혜안

배워 생각지 않으면 어둡고, 생각하면서 배우지 않으면 위태롭다.
-논어

고난과 역경의 어려운 시절이 내게 준 선물 중 가장 감사한 것이 혜안을 갖게 한 점이다. 물론 시행착오를 거치며 터득하게 되었지만 어려운 시절이 없었다면 지혜롭게 보고 느끼며 판단하는 사고를 가지지 못했을 거라는 생각이 들 때면 아찔해진다. 똑똑한 사람은 자기 꾀에 자기가 넘어가기도 하고, 자신의 잣대로 평가해 같은 실수를 반복하기도 한다. 하지만 현명한 사람은 한 발자국 물러날 줄 알고, 자신의 잣대로 판단하고 평가하는 것은 어리석은 일이라는 걸 알고 행한다.

이솝이야기에 보면 이솝이 노예시절 주인, 세 노예들과 함께 긴 여행을 떠나게 되었다. 세 노예가 짊어질 물건들을 고르는데 가장 무거운 식량은 모두 꺼려 했지만 이솝은 선뜻 자신이 가장 무거운 식량을 짊어지겠다고 나섰다. 다른 노예들은 바보 같다며 이솝을 비웃으며 손가락질을 했다. 그런데 식량은 가는 도중 먹어 없어지니 짐이 점차 줄어드는 것이 아닌가. 이것을 본 다른 노예들은 이솝의 지혜에 감탄했다고 한다.

난 이 이야기에서 세 가지 교훈을 얻었다.

첫째, 똑똑한 척하는 사람들은 눈에 보이는 것으로만 판단한다. 그래서 가장 가벼운 것을 들게 되면 자신이 똑똑해 다른 사람들을 이겼다고 생각한다. 이것이 자기 꾀에 자기가 넘어가는 상황을 만들어버리는 셈이다.

둘째, 눈앞에 보이는 것으로만 상황 판단을 하지 않는 이솝의 신중성이다. 식량이 가장 무겁지만 먹으면 없어지므로 나중에는 가장 가벼워질 거라는 명확한 판단력은 평소 이솝의 신중한 사고를 나타내는 것이다.

셋째, 자신을 비웃는 다른 노예들과 신경전을 벌이지 않는 현명함이다. 만약 길을 떠나기 전 다른 노예들과 신경전을 벌이다 싸움이 났다면 어떻게 되었을까. 이솝의 의중을 파악한 약삭빠른 노예는 짐을 바꿔치기하려 들었을 수도 있다. 그렇게 된다면 그다음 상황은 어떻게 전개될지 뻔하다.

이렇듯 현명한 사람은 싸움의 대상이 안 된다. 싸우지 않고 이기는 방법을 알고 있기 때문이다.

성격이 급한 난 인내심을 키우는 게 가장 힘들었다. '마음 같아서는', '성격대로 하면' 이런 생각이 가슴에서 솟아오를 때면 다 때려치우고 싶다는 생각이 들었다. 아마도 큰 굴곡 없이 평탄하게 살았다면 큰 꿈을 꾸지도 그 꿈을 향해 나를 내려놓지 못했을지 모른다. 대기업을 그만두고 사업을 시작하기 전 실무를 배우겠다며 두 곳의 작은 회사에서 근무를 할 때 가장 힘들었던 건 인간관계였다. 그 당시는 작업반장이라면 완장을 찬 거라고 생각하며 목에 힘을 주었다. 요즘은 갑질로 신고를 당하는 세상이지만 그래도 어딘가에는 아직도 그런 사람들이 존재할 거라고 생각한다. 내가 하는 말은 무엇이든 트집을 잡았고, 다른 직원들을 동요해 나를 은근히 왕따를 시켰다. 처음에는 그래도 내 스타일대로 밀고 나가려 했지만 그럴수록 상대는 나를 더 무시하려 들었다. 관계청산을 할 때는 눈에는 눈, 이에는 이로 대응할 수 있지만 회사를 그만둘 게 아니라면 그들과 맞서는 방법밖에 없었다. 육체적 노동보다 정신적 노동이 스트레스 강도가 더 높다는 걸 그때 아주 절실히 느꼈었다. '내가 얼마나 유능한지 보여주면 되겠지'라고 생각했지만 그건 하루

깡 하나로 美친 꿈을 이루다

아침에 해결되는 것이 아니었다. 며칠을 고심한 끝에 텃세가 가장 센 작업반장을 내 편으로 만드는 것이 손 안 대고 코 푸는 방법이라는 결론을 내렸다.

내 인사도 제대로 받지 않는 작업반장을 찾아가 술 한 잔 하고 싶다고 하자 그는 내가 자신에게 고개를 숙이는 줄 알고 회심의 미소를 지었다. 단 둘이 소주잔을 기울이며 가장 힘든 부분을 내가 해결해 보겠다고 했다. 작업반장이 평소 투덜대는 것을 귀담아 듣고 그 해결 방안을 고민하고 있었지만 대화 자체를 거부해 소통을 할 수 없었다. 그런데 그가 좋아하는 술을 사주며 자신의 불만을 내가 해결해 보겠다고 하니 눈은 반짝였지만 의심스러워했다. 친해진 다음에 들었지만 그날은 내가 사장의 사주를 받고 자신의 마음을 떠 보는 줄 알았다고 했다. 다음 날 난 바로 사장을 만나 직원들의 불만과 회사의 문제점에 대해 얘기하며 시정해 달라고 요구했다. 그렇게만 해준다면 매출이 두 배가 뛰게 영업을 하겠다고 약속했다. 들어간 지 며칠 안 된 회사에서 매출 두 배는 사실 무모한 도전이었지만 내가 뱉은 말을 지키려 죽기 살기로 뛰어다녔다. 여기서 이런 것도 못 이룬다면 30억 꿈은 진짜 미친 꿈으로 끝난다. 이런 것도 헤쳐 나가지 못한다면 희망이 아닌 좌절만 만나게 될 거라고 생각하며 주먹을 불끈 쥐었다.

　매출 2배가 지켜지고, 작업반장과 직원들의 불만해소가 이루어지자 난 왕따에서 따봉으로 존재가 바뀌었다. 그다음 회사에서도 내게 불신과 거부감을 나타내는 직원들과 이런 방식으로 풀어나갔다.

　신경전을 벌이며 성질대로 했다면 며칠 근무 못하고 그만두지 않았을까. 만약 그랬다면 그들은 나를 내쫓았다고 생각했을 것이다. 하지만 사회는 언제 어디서 어떤 모습으로 만날지 모른다. 그런 불명예스러운 딱지가 붙은 상태로 같은 업종 사업을 어떻게 시작하겠는가. 나쁜 말은 빨리 퍼지는 법이다. 같은 업종에 있으면 전혀 다른 업종에 있는 사람들보다 만날 확률이 훨씬 높다. 나에 대한 오해와 편견이 나쁜 선입감을 만들어버렸을 테고 그 부메랑은 무엇으로 왔을지 안 봐도 뻔하다.

　그때 현명하게 대처해 나간 건 절심함이 있었기 때문이다. 고난과 많은 역경이 있었기에 신경전 대립을 하지 않고 역전시키는 현명한 방법을 배우게 되었다. 내가 그랬듯이 현명한 사고도 훈련으로 자신의 것으로 만들 수 있다고 생각한다.

똑똑한 사람은 자기 꾀에
자기가 넘어가기도 하고, 자신의 잣대로 평가해
같은 실수를 반복하기도 한다.
하지만 현명한 사람은 한 발자국 물러날 줄 알고,
자신의 잣대로 판단하고 평가하는 것은
어리석은 일이라는 걸 알고 행한다.

11

오해와 이해

〈5-3=2〉는 오해를 세 번 생각하면 이해가 된다는 공식이라는 말을 듣고 무릎을 쳤었다. 깊게 생각해 따져 보고 자세한 변명을 들어도 절대 이해할 수 없는 상황이라는 말이 있긴 하다. 하지만 상대와 상반된 생각을 가지고 있어 상황이나 말을 이해하지 못하는 경우가 아니라면 곰곰이 생각해 보면 이해가 되는 경우가 더 많았던 거 같다.

많은 사람들이 상대의 입장에서 생각해 보지 않고 자신의 입장이나 잣대로만 생각하고 파악하려 하다 보니 이해가 아닌 오해와 불신으로 이어지게 만들어 버리는 거 같다.

오해와 이해에 대한 공식을 들으며 난 타인에게 본의 아니게 오해를 사는 경우는 뭐가 있을까 생각해 보았다.

-난 친분이라 생각해 한 언행이 상대의 자존심을 상하게 만들 수 있다.

상대와 친분이 쌓였다고 느껴서 또는 친분을 갖고 싶어 격이 없이 대했는데 상대는 자신을 우습게 본다고 정색을 해 당황했던 적이 있다. 사람 관계에 대한 생각과 입장 차이를 심각하게 다시 생각해 보는 계기가 되었다. 그 사람의 입장에서는 다른 사람들에게 자신이 낮춰진다고 생각할 수도 있겠다고 이해가 되어 같은 상황이 생겼을 때 각별히 주의하려 했었다. 상대의 입장을 이해하지 못하면 자신도 상대에 대해 오해와 감정이 생길 수밖에 없다. 그러다 보면 자연스럽게 관계 청산으로 이어지게 될 수 있다. 다시 볼 필요가 없는 사람일지라도 나쁜 감정을 남기고 청산하지 않도록 해야 한다. 사회생활을 하다 보면 언제, 어디서 다시 만나게 될지 모르기 때문에 나쁜 감정의 불통이 부메랑이 되어 자신에게 돌아올 수도 있다는 가정을 배제하지 말아야 한다.

-난 말하면 지킨다고 구두로 약속을 하지만 상대는 말만 앞선 사람이라고 생각할 수 있다.

난 내가 한 말을 지키려 노력해왔고, 그렇게 살았다고 생각한다. 하지만 오랜 인연을 이어온 사람이 아니라면 그런 나의 모습을 알 리가 없다. 그러다 보니 나도 모르게 '난 내 입으로 한 말은 지킨다'는 말을 무의식적으로 자주 한 거 같다. 타인에게 '나는 말과 행동이 다르지 않은 사람'이라는 사실을 주입시키려 했던 것이 오히려 말만 앞선 사람으로 비추어질 수 있다는 걸 생각하지 못했다.

달콤한 말로 상대를 조종하려 드는 사람 같다는 말을 전해 듣고 너무 놀란 적이 있었다. 그 사람이 내게 나쁜 선입감을 가지고 있어 그렇게 본 건 아닐까 하는 생각을 하면서도 한편으로는 다른 누군가도 그렇게 느끼면서 말을 담고 있었을지 모른다는 생각이 들자 정신이 번쩍 들었다. 난 철칙을 지키며 사는 사람이라고 알려주고 싶었던 것이 타인의 눈에는 말로 사람을 다루려 하는 사람이라고 느꼈을 수도 있다는 생각이 들었다. 생각의 차이를 내가 강요할 수는 없으니 그런 오해가 발생할 수 있다면 조심해야겠다고 다짐했었다.

-난 밀어붙이는 것이 리더십이라 생각하는데 상대는 독재자라고 느낄 수 있다.

깡 하나 믿고 꿈을 향해 달려가다 보니 나도 모르게 배짱과 추진력이 몸에 배었다. 사업 초반에는 혼자 일인 다역을 했기에 내 생각과 추진력에 의존할 수밖에 없었다. 회의도 혼자 앉아 내 자신과 대화를 했으니, 누군가의 자문을 듣고 의견을 모으는 것보다 내 자신에게 묻고 답하는 것이 더 편하고 익숙했다.

회사의 규모가 조금씩 커지며 부서별 직원들이 생겼지만 난 내 방식을 고집하며 밀어붙이려 했었다. 내 방식대로 해서 회사의 규모가 점점 커졌기에 의심의 여지가 없었기 때문이다. 직원이 늘어나면서 나와 직원들의 의견 차가 생겨 당황했지만 내 의견을 관철시키려 밀어붙였다. 난 그것이 카리스마 넘치는 리더십이라고 생각했다. 밀어붙이는 추진력 강한 리더십, 그것이 오너로서 갖추어야 할 덕목이라 여겼다. 반발하는 직원보다 내 의견을 수용하는 직원들이 더 많아 내 리더십에 더 자신감이 붙었던 거 같다.

그런데 나이가 드니 그런 내 모습이 독재자처럼 보일 수 있다는 걸 느끼게 되었다. 젊었을 때는 혈기왕성하니 누군가의 조언이 귀에 들어오지 않았는데 점차 나이가 들다 보니 객관적으로 내 모습을 되짚어보는 여유가 생긴 거 같다. 오랜 시간을 밀어붙이는 추진력과 리더십이 몸에 밴 탓인지 내 뜻대로 관철되지 않으면 약이 오르거나 화가 나기도 한다. 몇 해 전부터는 욱하며 치밀어 오르는 감정을 다스리려 노력하고 있다. 이제는 강한 리더십이 아닌 포용하는 리더십을 가질 나이가 되었으니 말이다.

"난 그런 뜻이 아니었어요."

이런 변명을 많이 했다면 자신에게 문제가 있는 거다. 다 내 맘 같을 수는 없는 법이다. 피를 나눈 형제, 자식도 이해할 수 없는 부분이 있는데 피 한 방울 안 섞이고, 전혀 다른 환경서 산 사람들이 나를 이해해 줄 수는 없다. 나는 상대를 이해해 주려 들지 않으면서 상대가 나를 이해해 주기를 바라는 건 무모함이다.

상대에게 말로 자신을 이해시키려 하지 마라. 이해는 상대가 하는 것이지 강요하는 것이 아니다. 상대가 왜Why 오해를 하는지 파악하고, 어떻게How 언행할지 신중하게 고민해 보여주어야 한다. 오해를 풀어 이해가 되며 그것이 신뢰로 이어져 오히려 더 끈끈한 관계가 되기도 한다.

또한 노력해도 오해가 안 풀렸다고 상대를 탓하지 마라. 오해가 안 풀린 이유가 너무 투철한 상대의 주관적 사고일 수도 있지만, 자신의 불분명한 언행의 탓일 수도 있다. 만약 후자인데 상대의 문제로 돌린다면 그다음 상황은 뻔하다.

오해를 살 만한 언행을 자주 하지 않는가. 그리고 본의 아니게 실수했다며 상대의 이해만 구하지는 않는지 냉철하게 판단해 보자. 오해는 어떻게든 풀 수 있지만 상대의 심장에 박힌 화살은 상처의 골만 남기게 된다. 오해가 아닌 상처를 줄 수 있는 언행

깡 하나로 美친 꿈을 이루다

이 있다면 하루라도 빨리 고쳐야 한다. 좋은 습관보다 나쁜 습관이 더 고치기 힘들다는 걸 알아야 한다.

사람들에게 오해와 불신을 주는 나쁜 언행이 있다는 사실을 모르는 게 가장 큰 문제가 아닐까. 그래서 요즘은 다시 내 자신을 돌아보려 한다.

〈2+2=4〉 이해를 두 번하면 사랑이 된다. 난 이 말도 무척 공감한다. 상대에게 이해를 구하려 들지 않고 자신이 먼저 상대의 마음과 상황을 이해해 주면 서로의 심장에 사랑을 키우게 된다. 사랑은 남녀 사이에만 피는 꽃이 아니다. 깊은 신뢰를 심어주는 사랑, 그것은 인간관계에 가장 강력한 촉매제 역할이 된다고 생각한다.

4 PART

꿈으로 가는 에너지, 열정

생각을 조심해라 말이 된다.
말을 조심해라 행동이 된다.
행동을 조심해라 습관이 된다.
습관을 조심해라 성격이 된다.
성격을 조심해라 운명이 된다.
우리는 생각하는 대로 된다.

-마가렛 대처

깡 하나로 美친 꿈을 이루다

01

열정을 만드는 목표

일등을 목표로 하지 않는 사람도 달리기 출반선 앞에 서면 긴장감에 입이 마른다. 페이스 조절이 필요한 장거리와는 달리 출발선에서도 목표점이 보이는 단거리 달리기는 빨리 달리기만 하면 1등을 할 수 있다. 그런데 대부분 사람들은 달리기 달인과 경쟁을 하는 경우 1등은 기대하지 않지만 승부욕이 강한 사람들은 100미터만 뛰면 되니까 죽기 살기로 해서 한번 이겨보자며 주먹을 쥐고 도전해 본다. 승부욕에 불탄 의지가 한계를 뛰어넘는 초인적 능력을 발휘해 사람들의 예상을 뒤엎는 결과를 만들기도 하지만 대부분은 의지와 열정으로는 능력의 한계를 넘지 못한다. 달련의 시간이 주어지지 않았다면 달인의 능력을 뛰어넘지 못하는 건 당연하다. 하지만 이기지는 못해도 자신에게는 어떤 결과가 나타났을까. 달인을 제치고 1등을 차지하지 못했을지라도 최고 기록갱신을 올렸을 것이고, 자신도 빠르게 달리는 능력이 있다는 걸 깨달아 달리기에 자신감이 붙게 된다.

'난 저 사람을 이길 수 없어.', '그건 내 능력밖이야.' 이런 생각이 도전조차 못하게 만드는 가장 무서운 장애물이라고 본다. 이겨 보고 싶다가 아닌, 이겨야겠다는 생각이 의지와 열정의 온도를 높여 준다. 그리고 이기지는 못해도 가능성과 자신감이 높아지면 언젠가는 갖고 싶은 능력이 자신의 것이 될 수 있다고 생각한다.

사실 단거리는 이를 악물고 한번 도전해 보자며 의지를 불태울 수 있지만 대부분 사람들은 장거리 달리기에서는 일등에 도전해 보자는 생각 자체를 하지 않는다. 끝까지 완주할 수 있을까 하는 앞선 우려가 해 보자는 의지를 나약하게 만들어 잠재적 능력을 이끌어내지 못하게 한다.

완주할까 염려하는 사람은 중도 포기할 수 있고, 끝까지 간다는 의지로 달리는 사람은 한번씩 주저 않으려 하다가 기록은 남기지 못해도 결승점에 도달한다. 하지만 꼭 1등 또는 1등은 아니라도 기록은 남긴다는 의지에 열정을 담은 사람은 예상을 깨고 1등을 하거나 기록갱신을 이룬다.

인생은 단거리가 아닌 장거리이다. '삶이 그대를 속일지라도'라

깡 하나로 美친 꿈을 이루다

는 어떤 제목처럼 열정을 불태워도 기록조차 나오지 않아 힘 빠지게 만들기도 하는 게 삶이다. 속도가 붙을 때는 의지와 열정에 온도가 올라가지만 예상치 못한 난관 앞에서는 누구나 포기라는 단어를 떠올리게 되어 한순간에 온도가 내려가 버린다. 그것이 성공인과 그렇지 않은 사람의 차이라고 생각한다.

많은 사람들은 포기라는 단어를 떠올리며 좌절해 버리고 삶이 나를 속였다며 배신감을 느낀다. 성공인은 난관 또한 과정이고, 과정이 어려울수록 도달점에는 더 큰 희열이 기다리고 있을 거라는 상상을 한다. 그 큰 희열을 상상하면 고통도 잠시 잊게 될 뿐만 아니라 그 시간을 즐길 수 있는 여유도 갖게 된다. 삶이 나를 속이는 것이 아닌, 시험한다는 생각으로 순간순간의 좌절감을 극복하는 것이다. 이런 차이가 목표를 이루느냐 마느냐를 가름한다고 본다. 남이 고난을 극복한 이야기는 쉽게 들리지만 자신의 작은 난관은 큰 고난으로 느껴지기에 성공의 도달점은 멀게 느껴지게 된다.

나 역시 가장 기본적 욕구인 배고픔이 있을 때는 꿈을 꾸는 것도 사치라 생각했다. 잘 사는 것은 상상도 할 수 없는 내 처지를 비관할 마음의 여유도 없었다.

애착이나 사랑의 감정이 있어야 미움도 생긴다는 말이 무슨 뜻인지 알 거 같았다. 당장 먹고 사는 거에 급급할 때는 처지 비관도 머리에 떠오르지 않았으니 말이다. 메슬로우의 인간 욕구 5단계처럼 아주 기본적 생활이 해결되고 나니 그때서야 꿈이라도 꾸어 보자는 생각이 들었다. 그래서 과감히 회사를 때려치우고 사업에 도전했다.

꿈을 이루었을 때 기쁨과 희열보다 사실 후회가 컸다. 조금 더 일찍 꿈을 꾸었다면 더 큰 희열과 희망찬 미래가 펼쳐졌을 텐데 하는 생각이 들어서다. 하지만 후회를 하는 순간이 새로운 꿈에 도전하는 시작이라는 생각이 들었다. 시작이 반이라는 말처럼 후회를 푸념으로 끝내지 말고 경각심을 갖게 하는 계기로 만든다면 또 다른 꿈에 도달했을 때는 후회보다 더 큰 기쁨을 만끽할 거라는 생각을 하며 새로운 꿈을 만들었다.

주먹을 불끈 쥔다고 열정이 불타오르는 건 아니다. 물론 단거리 경기에서는 얼마나 힘을 주고 주먹을 쥐었는가로 기록과 순위가 달라지겠지만 긴 여정이 필요한 삶은 아주 긴 장거리이기에 사람이라면 주먹 쥔 손에 힘이 풀릴 수밖에 없다. 의지와 열정이 약한 사람이라고 자학은 하지 말자. 다시 주먹을 쥐는 걸 잊게 만드는 자학 속에 의지와 열정을 묻어버리는 꼴이 되고 만다. 잠시 누구나 그렇다고 생각하며 위로해라. 숨을 고르고 다시 주먹을 쥐면 의지와 열정에 서서히 온도가 올라가게 된다. 빨리 가열된다고 좋은 건

깡 하나로 美친 꿈을 이루다

아니다. 너무 빠른 가열은 음식과 냄비를 모두 태울 뿐이다. 서서히 예열되어야 제대로 음식을 만들고 냄비 상태도 보존하게 한다. 이렇듯 '난 다른 사람이다'고 다짐하며 식어가는 열정에 불을 지피면 된다.

꿈, 목표 이것이 의지를 만들고 열정의 온도를 높여준다.
꿈, 목표 이것을 잃는 것은 죽은 목숨과 같은 것이다.
우린 태어날 때 한번 살아보겠다며 주먹을 꼭 쥐고 크게 울어댔다. 누가 시켜서 그랬는가. 무의식적으로 그렇게 한 것이다. 주먹을 쥐고 죽은 사람을 보았는가. 한이 맺혀 눈을 못 감은 사람은 있다고 들어봤지만 죽는 것에 의지를 불태우는 듯 주먹 쥐고 죽은 사람이 있다는 말은 들어 본 적이 없다. 누가 시키지 않아도 손을 다펴고 죽는다.

살아 있는데 스스로 죽은 삶을 만들지 말자. 살겠다는 의지에 열정을 쏟아붓는다면 상상할 수도 없는 꿈도 꿀 수 있는 베짱이 생긴다. 열정을 불러일으키는 꿈은 무엇일까. 아직 그런 꿈이 없다면 지금 이 순간 꿈을 만들고 열정이라는 걸 불러보자. 열정은 자연스럽게 다가오는 것이 아닌, 자신이 찾고 불러야 와주는 얄미운 놈이다. 열정을 리드하는 사람이 주체적 삶을 만들어 가는 프로가 아닐까.

깡 하나로 美친 꿈을 이루다

02

변화에 맞서라

여러 성공인들 중 고 정주영 회장님 스토리가 가장 마음에 와 닿아 즐겨 읽었다. 아마도 어려운 어린 시절을 겪고 깡 하나로 성공을 이루었다는 것이 내 지나온 삶과 비슷해 더 공감이 갔기 때문일지도 모르겠다.

어려운 집에서 농사일을 도와봤자 미래가 없다고 느낀 정주영 회장은 몇 번의 가출을 했다. 열여덟 살에 또 가출한 정주영은 인천 부둣가로 가서 힘겨운 하역 막노동을 했는데 그를 가장 힘들게 괴롭힌 건 일도 사람도 아니었다. 너무 피곤해 골아 떨어져야 하는데 잠을 못 자게 괴롭히는 건 다름 아닌 빈대였다. 아무리 애를 써도 잠을 잘 수 없었던 정주영은 자신을 괴롭히는 빈대를 피하기 위해 밥상 위에 올라가 잤다. 처음엔 빈대를 피해 잠을 청할 수 있어 자신이 빈대를 이겼다고 생각했다. 그런데 그 기쁨도 잠시였다. 빈대가 밥상 다리를 타고 올라와 물기 시작했다. 빈대를 보며 정주영은 다시 머리를 써 양재기 네 개에 물을 담아 밥상 다리를 담갔다. 기어오르다 떨어지는 놈은 물에 빠져 죽을 거라고 생각한 것이다. 그런데 물에 빠져 허우적대다 살아난 빈대들이 벽을 타고 천장에 올라가 정주영에게 떨어졌다. 그 빈대를 본 정주영은 미물도 살아남으려 이렇게 애를 쓰는데 사람이 뜻을 세우고 최선을 다하면 못 이룰 것이 무엇인가 하는 생각을 하며 의지를 불태웠다고 한다.

정주영의 빈대 교훈으로 유명한 이야기이다.

난 이 글을 보면서 변화에 맞서는 빈대 정신을 느꼈다. 갖고자 하는 것을 위해 변화도 두려워하지 않는 빈대 정신, 그것은 어떤 장애도 극복하는 초인적 힘을 발휘한다고 생각한다.

눈 깜짝할 사이에 변화하는 시대 속에서 십 년이면 강산도 변한다는 말은 이제 옛말이 되었다. 그래서 요즘은 속담도 현실에 맞게 변해야 한다며 각색이 되어 떠도는 것 같다. '못 올라갈 나무는 쳐다보지도 마라'는 자신의 분수를 지키며 살라는 교훈을 담은 속담이다. 난 이 속담을 들으며 올라가 보려 노력하지도 않고 난 못 올라간다며 포기해 버리는 자신이 가장 문제라고 생각했었다. 과소평가, 빠른 포기가 가장 큰 적이다.

그런데 요즘 이 속담이 바뀌었다. 나무에 오르는 능력이 없거나 나무가 너무 높아 떨어질 위험이 있다면 거기에 맞는 사다리를 만들어 타고 올라간다고 한다. 이것이 성공인의 사고이다. 거기다 조폭 두목은 자신이 못 올라갈 나무는 아예 베어버린다는 말을 듣고 한바탕 웃었다. 자존심 상하게 만드는 것은 아예 없애버린다는 말인데, 난 이 말을 들으며 자신감을 잃게 하는 것, 성공의 장애물은 아예 제거해야 한다고 생각했다. 어떤 말이든 듣는 사람에 따라 해석이 달라지게 마련이다.

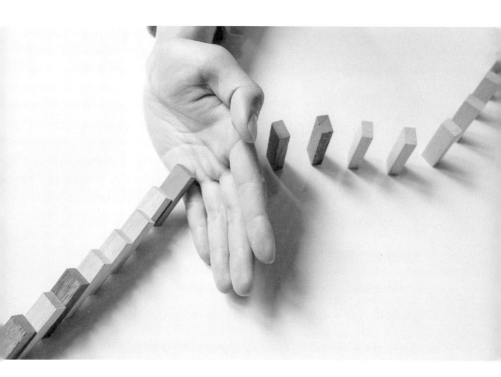

아날로그, 오프라인에 익숙한 우리 세대들은 너무 빠르게 발전하는 디지털, 온라인 시대에 적응하는 것이 어려웠다. 컴맹, 폰맹이라는 소리를 듣지 않으려 열심히 변화의 물결을 타려 노력하지만 아직도 아날로그, 오프라인이 편하고 익숙한 건 사실이다.

몇 달 전 오랜만에 지하철을 탔다. 자가용만 고집하느라 대중교통을 멀리 한 건 아니다. 집과 회사 거리가 멀고, 회사가 공단에 있어 대중교통 연결이 힘들어 자가용만 이용하게 되다 보니 지하철을 탈 일이 없었다.

남녀노소를 막론하고 손에 쥔 핸드폰만 보고 있는 광경을 실제로 보니 놀라웠다. 책을 보는 사람은 눈을 씻고 찾아봐도 볼 수 없어 아쉬웠다. 옆에 앉은 젊은 남자가 뭔가를 열심히 보기에 나도 눈이 갔다. 처음에는 나처럼 뉴스 기사를 보는 줄 알았다. 그런데 자세히 보니 전자책이었다.

요즘은 웹으로 보는 책이 유행이라 종이책이 잘 안 팔려 그 흐름을 못 탄 출판사들은 문을 닫는다는 기사를 본 게 떠올랐다. 뭔지 모르게 씁쓸해졌지만 나도 웹으로 책을 보는 방법을 알고 싶어 아들에게 배웠다. 그런데 손가락으로 터치하며 몇 장 넘겨봤지만 내용이 눈에 들어오지 않고 눈만 아팠다. 아날로그에서 완전히 벗어나지 못해서인지 종이책으로 봐야 책을 보는 거 같았다. 그래도 전

　　　　　　　　　깡 하나로 美친 꿈을 이루다

자책 보는 습관을 들여 보려 한다. 그렇게라도 책을 많이 읽고 싶어서가 아니다. 변화에 적응해야 또 다른 변화를 인지할 수 있기 때문이다.

디지털 시대라고 디지털만 고집하고 싶지는 않다. 옛것을 소환해 감성 마케팅으로 성공하는 사례도 심심치 않게 나오지 않는가. 아무리 디지털, 온라인이 강세라고 하지만 과거가 없으면 현재와 미래는 없는 법이니 우리 세대가 익숙한 옛것과 새것을 혼합해 나가려 한다. 그 속에 블루칩이 있을지도 모른다는 은근한 기대를 가져보고 싶기도 하다.

잔잔한 물결을 잘 타야 빠르게 출렁이는 물결에 휩쓸리지 않는 법이다. 다가오는 빠르고 높은 파도를 보며 겁부터 내지 마라. 어떻게 파도를 타야 하는지 감각을 잃게 하는 것이 겁을 내는 마음이다. 저 정도 파도는 파도도 아니라고 생각해라. 그런 생각이 자신감을 갖게 만들 것이다. 파도가 높고 험난해야 스릴감을 만끽하며 윈드서핑을 즐길 수 있다. 어떤 고난도의 변화가 와도 물러서지 않겠다는 각오가 맞서고 헤쳐 나가는 힘을 발휘하게 만든다.

"인생에서 고수高手에게는 놀이터요, 하수下手에게는 생지옥이지."

바둑을 좋아해 본 신의 한수라는 영화에 나오는 명대사이다.

고수는 변화와 노는 걸 즐기지만 하수는 변화 앞에서 잔뜩 몸을 움츠린다. 결국 즐기는 자를 이기지 못하는 법이다. 요즘 아이들 말로 '변화야! 드루 와라!' 하고 외쳐라. 목소리가 클수록 위축감과 두려움은 자신감으로 변할 것이다.

03

고정관념을 버려라

당신이 바라거나 믿는 바를 말할 때마다 그것을 가장 먼저 듣는 사람은 당신이다.
그것은 당신이 가능하다고 믿는 것에 대해 당신과 다른 사람 모두를 향한 메시지다.
스스로에 한계를 두지 마라.
-오프라 윈프리

1952년 12월 한국을 방문한 미 대통령이 부산 유엔군 묘지를 방문한다고 하자 비상이 걸렸다. 미군들은 묘지에 파란 잔디를 깔아줄 것을 요구했는데 모든 건설사에서 한겨울이라 불가능하다고 포기했다. 하지만 파란 잔디 느낌만 주면 된다는 미군 말에 현대건설에서 해 보겠다며 나섰고 늦가을에 심어 새파랗게 자라난 보리를 수십 트럭 옮겨 심어 파란 잔디처럼 보이게 만들어 탄성을 자아내게 했다. 그 일로 모든 건설 수주가 현대에게 주어졌다. 잔디를 깔아야만 된다는 고정관념을 뒤엎은 것이다. 이런 틀에 박힌 사고를 깨고 산 정주영 회장님은 고정관념이 멍청이를 만든다고 했다.

자신이 오래 가지고 있는 사고가 만들어 놓은 것이 고정관념과 편견이다. 많은 사람들은 그 고정관념과 편견이 경험에서 나오는 지혜나 노하우라고 착각하기도 한다. 그 착각 속에 자신의 삶을 간

히게 만든다는 사실을 망각하며 고정관념과 편견을 더 확고하게 굳히는 실수를 범한다. 나 역시 그런 실수를 많이 범했다. 혼자서 일인다역을 하며 사업을 이끌어가던 시기에는 내 생각과 판단에 의존할 수밖에 없던 일들이 많았다. '맞을까?' 하는 의구심을 안은 채 밀어붙였는데 좋은 결과가 나오는 일들이 많을수록 자신감과 더불어 나도 모르게 고집까지 세졌다는 걸 나이가 드니 느끼게 되었다.

고정관념과 편견이 강한 사람들은 타인의 말은 귀담아듣지 않고 자신의 생각만 고집하며 밀어붙이려 해 나이가 들수록 아집 센 사람이 되고 만다. 나 못지않게 아집이 센 사람을 만나 많이 부딪치다 보니 나도 타인에게는 저 사람같이 보이지 않을까 하는 생각이 들었다. 내 자식들에게 '문제점을 모르는 게 가장 문제이고 그것을 알면서 고치려 하지 않는 것이 더 문제이고 가장 나쁜 것이다'라고 입버릇처럼 말하면서 정작 내 자신의 문제점을 느끼면서 고치지 않으려 하면 안 된다는 생각으로 틀에 박힌 내 고정관념과 편견을 바꾸어야겠다고 다짐했다.

-3초의 여유를 갖자.

욱하는 감정이 치솟을 때, 내 생각과 전혀 달라 반박하고 싶을 때, 상대가 나를 이기려 한다는 생각이 들 때, 상대가 말도 안 되는

깡 하나로 美친 꿈을 이루다

변론을 펼 때, 평소 내가 생각한 것과 너무 다르다는 걸 느꼈을 때 등 못 참는 상황 앞에서 바로 내 생각을 언행으로 옮기지 말고 3초만 생각해 보자고 다짐했다.

그렇지 못해 상대와 언쟁으로 이어진 경우도 있었고, 시간이 지나고 나면 내 고정관념과 편견 때문에 그렇게 보고 판단했다는 반성이 들기도 했기 때문이다. 대부분 사람들은 자신이 어떤 부분에서는 고정관념이 강하고 편견에 사로잡혀 있다는 걸 알고 있다. 하지만 상대에게는 그것이 고정관념과 편견이 아닌 정답이라고 우기고 싶은 것이다. 경쟁심을 느끼는 상대에게는 더더욱 말이다.

한 발자국 뒤로 물러서거나 상대를 인정해 주는 것이 상대를 리드해 나가 진정으로 승리하는 거라는 걸 생각하지 못하기 때문이다. 젊은 혈기에는 앞에서 이겨야 한다는 우둔한 생각에 빠져 살았던 거 같다. 나이가 드니 진정한 리더십과 승리가 무엇인지 알 거 같아 이제는 실천해 보며 살려 한다. 나이 값은 말이 아닌 행동과 태도로 보여주어야 가치를 발할 수 있어 대우받을 수 있다고 생각한다. 그래서 실천하는 사람이 되려고 노력 중이다.

- 역지사지

자신의 생각만 고집하는 사람을 보면 '왜 저럴까' 하는 생각이 들며 고개가 절로 옆으로 흔들어진다. 그런데 상대 또한 자신을 보며 똑같은 생각을 할지도 모른다는 건 생각해 보지 않는다.

'왜 저럴까.'

눈과 귀를 불편하게 하는 상대의 언행은 그 사람이 매너가 없기 때문일 수도 있지만 지금 처한 상황이나 가슴 아픈 사연 때문에 그런 언행이 나올 수도 있다. 자신의 입장에서만 판단하지 말고 역지사지의 사고를 갖도록 해야 한다. 역지사지는 상대에 대한 배려이기도 하지만 자신의 섣부른 판단으로 좋은 사람을 놓치는 실수를 범할 수 있기 때문이다. '내 경험으로는 저런 사람은 이런 형이다.', '내 판단이 확실해. 저런 사람은 피하는 게 상책이야.' 이런 편견에 사로잡힌 생각이 색안경을 쓰게 만든다. 반대로 누군가가 자신의 편견대로 자신에게 나쁜 평가를 내리고 주변에 떠들어댄다면 어떨까 하는 생각도 해 보자. 자신의 잣대로 사람들을 평가하는 습관이 있는 사람은 자신도 같은 부메랑을 맞는다는 사실을 간과하지 말아야 한다. 역지사지 사고가 쉬운 듯 어려운 거 같지만 습관을 들이면 쉬워질 수 있다.

-유연한 사고를 갖자.

내 경험상으로는 확실하다고 판단하더라도 그렇지 않은 경우를

깡 하나로 美친 꿈을 이루다

생각해 보려 한다. 어떤 예상치 못한 상황이 생길 것인지를 파악해 보려면 여러 사람들의 말에 경청할 필요가 있다. 그런데 자신의 생각이 정답이라고 고집하는 사람들은 절대 남의 말에 귀를 기울이지 않는다. 자신의 판단대로 밀고 나가더라도 다른 사람들의 의견을 들으며 예상하지 못한 변수를 파악하면 자신에게 득이 되는데도 말이다. 자신의 생각은 정확하고 답이라며 자만심에 빠져 있거나 남의 말에 경청하면 자신이 모자라는 것처럼 보일 수 있다는 생각을 가진 사람 중에 그런 경우가 많다. 둘 다 무모한 생각에 빠져 실패의 길을 닦고 있는 형국이다. 고집스러운 사고는 한번 뒤집어 생각해 보자. 사로잡혀 있는 편견이 있다면 그것 또한 뒤집어 보자. 타인을 위해서가 아니다. 유연한 사고는 자신의 정신 건강을 도울 뿐만 아니라 실패를 줄여주기도 한다.

자신에게 유리한 것만 듣고 보고 가까이 하려 하지 않는가. 그것은 자신을 지키는 것이 아닌 스스로 무덤을 파는 꼴이다.

'사고방식의 틀을 20퍼센트만 바꾸면 인생의 80퍼센트가 달라진다'는 말을 어디선가 들었다. 태도를 바꾸는 것보다 사고를 바꾸는 게 더 힘들다고 하지만 태도든 사고든 바꾸려 노력하는 자세가 힘듦을 쉬움으로 바꾸어 놓는 것이라 생각한다.

아인슈타인이 편견을 부수는 것은 원자를 부수는 것보다 어렵다

고 했지만 도끼를 갈아 바늘을 만든다는 마부위침처럼 조바심 내
지 말고 조금씩 부수어 나간다면 어느덧 80프로 다른 인생이 펼쳐
지지 않을까 하는 생각을 해 본다.

깡 하나로 美친 꿈을 이루다

04

태클이 아닌 테크

매사에 태클을 거는 사람이 있다. 이런 사람 중에는 태클만 거는 것을 넘어 자신이 추진하는 것만 고집하며 밀어붙이기도 한다. 상대를 당황시키는 것을 넘어 소통을 단절시키는 이런 사람과는 관계청산이 답이기도 하다. 그래서 다른 사람들로부터 관계 청산이 되어 왕따가 되었다고 치자. 인맥 없이도 아무 문제가 안 되는 사람이라면 사람의 소중함을 못 느끼며 잘 살아갈 수 있다. 그런데 중요한 건 자신에게도 늘 태클을 거는 사람이라면 어떤 상황이 생길까. 거기다 스스로가 태클을 걸어 자신의 인생을 조금씩 망치고 있는데 못 느끼고 있다면 어떤 결과가 도래할까. 스스로 자신을 망치고 있는 것이 무엇인지 앞장에서 말했듯 지기지피를 해 보자.

비관과 낙관, 긍정과 부정 중 어느 쪽에 치우쳐 있는가.

어느 인디언 노인이 자신은 몸속에 착한 개와 아주 고약한 개를 함께 키우고 있다고 했다. 그 말을 들은 사람이 두 개가 싸우면 누가 이기냐고 묻자 노인은 "순간순간 내가 먹이를 많이 준 놈이요."라고 답했다. 사람은 두 마리를 모두 마음에 품고 있다. 평소에 어떤 개를 사랑하고 먹이를 많이 주느냐에 따라 언행이 달라져 인품이 바뀔 수 있다.

논어에 '성상근性相近 습상원習相遠'이라는 말이 있다. 사람의 성품은 태어날 때는 비슷하지만 살아온 환경이나 교육에 따라 많은 차이가 난다는 뜻이다. 이렇듯 어떤 사고에 치우쳐 자신을 만들어 왔느냐에 따라 인품은 큰 격차가 난다. 어떤 개에게 먹이를 많이 주고 살았는지 곰곰이 자신을 고찰해 볼 필요가 있다.

또한 자신을 너무 과소평가해 스스로 자신감 상실을 시켜 버리는 사람들도 의외로 많다. '나는 안 돼', '너무 높은 관문이야.' 등 해 보지도 않고 자신에게 태클을 걸어버려 스스로 기회를 날리는 것이다. 해 보지도 않고 못한다는 생각이 가장 큰 적이다. 망설여질 때 도전에 태클을 걸지 말자. 긍정에 먹이를 많이 주면 자신감을 잃지 않을 것이고, 그것이 기회로 연결될 것이다.

태클은 버리되 꿈과 밝은 미래를 위해 테크는 해야 한다.

시時 테크

시간은 금이다. 그래서 이 세상에서 가장 비싼 금은 바로 지금이라고 한다. 똑같이 주어진 24시간을 30시간처럼 사는 사람이 있고, 15시간처럼 사는 사람이 있다. 10년 후 두 사람의 미래는 분명 달라져 있을 것이다. 수면 시간을 줄이는 것이 더 많은 시간을 산다는 뜻은 아니다. 같은 1시간도 얼마나 효율적으로 관리하고 사용하느냐에 따라 가치는 달라진다는 말이다. 아침형 인간이 성공한다고 하니 출근 시간 전 학원이 붐비었다고 한다. 그러다 저녁형 인간이 성공한다고 하니 다시 저녁 타임으로 옮겨 붙었다.

실험적 결과에 자신을 맞추는 것은 어리석은 짓이다. 사람마다 바이오리듬과 체력이 다르다. 아침에 머리가 맑아 같은 1시간 안에 더 많은 일을 하는 사람이 있는 반면 저녁이나 새벽에 집중이 잘되어 그 시간대가 자신에게 가장 최적의 시간인 사람도 있다. 집중이 가장 잘되고 능률이 오르는 시간대를 이용한다면 같은 시간을 두 배로 활용할 수 있다는 말이다.

대부분의 사람들은 밤에 자야 숙면을 하지만 밤 시간대에 머리가 맑은 사람들은 새벽이나 아침에 숙면을 한다. 그래서 아침형이 아니라서 게으르다고 할 수 없다. 자신에게 가장 최적의 시간대가 언제인지 따져 보고 그 시간대를 이용해 집중한다면 일의 능률이 올라 2배의 효과를 낼 수 있다. 난 이것이 시간을 버는 방법이라고 생각한다. 또한 하루를 길게 사는 건 우선순위를 정해 시간을 쓰는 것이다.

　너무 바빠 책 읽을 시간이 없다, 뉴스 볼 여유도 없다며 푸념하는 사람들이 의외로 많다. 시간을 리드하지 않고 시간에 끌려가기 때문에 시간이 없다고 푸념하며 스트레스를 받는다. 한 달에 한 권 책을 읽겠다는 목표를 세웠다면 책을 가지고 다녀라. 일과 사람 만나는 시간에 치여 단 일분도 자투리 시간이 없는가. 중간 중간 몇 분에서 몇 십 분의 자투리 시간은 늘 있다. 그 시간을 이용해 한 페이지씩 읽어나간다면 한 달에 한 권을 읽을 수 있다. 또한 잠이 모자라 머리가 맑지 않아 능률이 안 오른다고 푸념만 할 것인가. 잠깐 나는 자투리 시간에 눈을 감으면 아주 달콤한 숙면에 빠질 수 있다. 그 숙면이 재충전을 시켜 줄 것이다. 그런 시간을 그냥 흘려보내는 것이 가장 낭비라고 본다. 낭비의 시간을 재충전, 작은 소확행을 맞보는 시간으로 활용해라. 그럼, 같은 하루를 더 의미 있고 건강하게 보낼 것이다.

인스 테크

　10년 전쯤 인맥이 자산이라는 책들이 많이 쏟아져 나오고 인맥관리 강의가 붐이었다. 사업을 하면서 인맥들의 도움으로 어려움을 극복한 경험이 있는 난 인맥의 소중함을 아주 잘 알고 있다. 그래서 더 많은 인맥을 넓히려 소개도 받고 많은 모임도 찾아다녔다. 난관에 부딪히면 그 난관을 극복하게 해줄 인맥을 찾으려 다니기도 했다. 결국 누구나 자신의 일과 파워를 갖기 위해 인맥을 넓히려는 것이다.

사업이 어느 정도 궤도에 올라오고 나이가 들다 보니 인맥이라는 것에 대해 다시 생각해 보게 되어 요즘은 누군가 나를 찾아와 명함을 내밀면 옛날 내 모습이 떠오르곤 한다. 일을 따기 위해 사람을 찾아다니는 입장에서는 내일이 아닌 눈앞에 보이는 당장이 중요하다. 하지만 필요에 의해서 자신을 찾았다고 느끼는 사람 입장에서는 어떤 생각이 들까. 그 영업 사원의 절실함을 이해하며 도와주려 앞장서는 사람이 몇이나 될까. 자신의 입장, 자신의 회사 상품에 대해서만 열을 올리는 사람들을 대하면 나도 저랬을까 하는 생각이 들어 얼굴이 붉어질 때도 있다. 실적을 위해 이용당한다는 생각이 들면 기피하게 되는 건 당연하다. 실적을 위해 사람들을 만나지만 상술로 보이지 않는 사람들이 있다. 이런 사람들은 겸손하지만 표정과 자세에 자신감이 묻어나고, 상술이 아닌 진심으로 상대를 대한다. 물론 정말 프로라 진심으로 포장할 수도 있지만 마주 대하는 상대는 그 사람의 말에 경청하게 된다. 심심치 않게 소개 소개로 나를 찾아오는 사람들을 보면서 지난 시절 내가 사람들에게 어떻게 보였을

까 반성할 때가 있다. 그래도 내 진실과 성실함이 그들에게 믿음을
주어 여기까지 온 기 같아 감사할 뿐이다.

- 필요한 사람이 되자.
- 내 잣대로 사람을 평가하고 분류하지 말자.
- 대가를 바라지 말고, 받은 게 있다면 돌려줄 줄 아는 사람이 되자.
- 실수는 만회할 수 있지만 관계에 금이 가게 하는 큰 실망감은
  만들지 말자.
- 인정받으려 하지 말고 먼저 인정해 주는 사람이 되자.

이런 철칙을 세우고 지켜 나가려 한다.

인맥이 중요하다며 문어발식으로 늘려가는 사람이 있다. 나 또
한 그랬던 시절이 있었다. 많은 사람들을 아는 것도 중요하지만 힘
이 되고 내게 정말 좋은 사람이 몇 명이냐가 더 중요하다고 생각한
다. '망하니 내 주변을 다 떠나더라.'며 상황이 안 좋아지면 사람으
로 인해 가장 큰 상처를 받기도 한다. 그래서 정승집 개가 죽으면
사람들이 문전성시를 이루지만 정작 정승이 죽으면 지나가는 개도
얼씬거리지 않는다는 말이 나온 것이다. 자신의 인맥을 너무 믿지
마라. 믿은 만큼 실망과 상처도 큰 법이다. 내가 인맥이라고 생각

　　　　　　　　　　　깡 하나로 美친 꿈을 이루다

하는 사람 중 나를 인맥으로 생각하는 사람은 몇 명이나 되는지 생각해 보자. 상대는 자신과 다른 생각을 갖고 있을지도 모른다. '인맥이니 이런 건 해줘야 한다.', '내가 어떻게 해주었는데.' 이런 생각으로 상대에게 강요하지 말자. 상대는 자신과 다른 생각으로 관계 유지만 하고 있을 수 있다.

불필요한 모임에 다 찾아다니건 시간 낭비이다. 나이가 들수록 인맥관리도 다이어트가 필요하다고 생각한다. 어려운 때가 되어야 옥, 석을 가릴 수 있다고 하지만 평소 모습을 보면 어느 정도 파악할 수 있다. 자신이 필요할 때만 찾는 사람, 상대의 부탁에는 무응답인 사람, 남의 말을 습관적으로 하는 사람, 실과 득을 따지며 관계유지를 하는 사람은 요주의 인물로 생각한다. 이런 사람들은 상처를 주거나 독이 되는 경우가 많기에 자연스럽게 다이어트를 할 필요가 있다. 단, 다이어트는 하지만 먼저 관계청산은 하지 마라. 섣부른 관계청산은 나쁜 부메랑을 불러일으킬 수 있기 때문이다. 인맥으로 인해 흥하기도 하지만 망하기도 한다는 사실을 꼭 잊지 말고 건강하고 튼튼한 인 테크를 해야 한다.

재財테크

나이가 들수록 가장 큰 고민이 100세 시대를 대비한 노후자금이다. 연금으로 밥 굶지 않고 살 수 있다고 자신 할 수 없는 것이 예상치 못한 일들로 지출이 발생하기 때문이다. 갑자기 사고가 나거나 병이 나 예상치 못한 지출이 생기게 되면 생활에 타격을 받을 수밖에 없다.

그래서 퇴직금이나 절약하며 푼푼이 모아둔 돈으로 노후대비, 인생 이모작을 한다면 창업을 하는 사람이 느는 듯하다. 경험도 없이 장사를 하겠다는 사람들은 가맹비만 내면 다 해주는 프랜차이즈 매장을 선택한다. 그래서 통닭집, 커피전문점 등 유행하는 품목이 동네에 줄줄이 생기게 된다. 같은 업종이 포화상태로 즐비하게 있다면 어떤 결과가 나올까. 답은 뻔하다. 일 년도 못 버티고 노후 자금을 다 날리고 절망감에 극단의 선택을 했다는 기사를 접하며 가슴이 아팠다. 잘되는 아이템이라고 자신이 해서 성공한다는 보장은 없다. 경험을 통해 자신이 잘 할 수 있는지 두들겨 본 후 창업을 하지 않은 불찰이 문제라고 생각한다. 사장이 될 수 있는 자금이 있으니 창업한다는 사고가 망하는 지름길로 가게 만든다는 사실을 알았으면 좋겠다. 돈은 사랑과 같은 거와 같다. 잡으려고만 하면 잡히지 않지만 애정을 가지고 소중하게 다루면 내 옆으로 와 있으니 말이다. 돈을 쫓아가려고만 하면 문제점을 놓치는 실수를 범하는 거 같다. 눈을 모아 잘 굴려 단단하게 만들면 눈사람이 된

깡 하나로 美친 꿈을 이루다

다. 돈도 잘 다루면 단단한 금고를 만들어 준다. 쉽게 생각하면 뜻대로 벌리지 않고, 벌리더라도 쉽게 날아가 버리지만 애정을 가지고 소중하게 생각하고 다루면 오래 함께 할 수 있다. 재테크는 버는 것보다 지출을 줄이는 것이 중요하다고 생각한다. 그래서 부자들은 절약과 검소가 몸에 배어 있다고 하지 않는가. 물론 졸부가 되어 흥청망청하는 사람들도 있지만 노력해 결실을 맺은 사람들을 보면 근검절약이 몸에 배어 있다. 쓰는 개념보다 모으는 개념이 강해야 돈이 모이는 건 당연하다. 빚도 자산이라는 개념은 가난의 굴레 속으로 넣는 격이 되고 만다는 걸 잊지 말아야 한다.

지출 목록을 만들어 쓸데없는 지출, 과도한 지출, 줄여 할 지출이 무엇인지 점검하고 관리해야 한다. 신용도 능력이라는 위험한 생각은 버려라. 신용대출로 주식에 투자했다 쪽박을 차는 사람들이 이런 사람 중에 많이 나온다. 대출은 빚이다. 빚으로 한방을 꿈꾸는 건 인생을 한방에 골로 날려 보내는 부메랑을 맞을 수 있다. 하루하루 생활이 어려워 돈을 모으는 건 꿈을 못 꿀 수도 있다. 통장 잔고가 있었으면 좋겠다는 간절함을 가져 봤기에 경제적 어려움과 고통을 누구보다 잘 알고 있다. 육체적 노동보다 돈 걱정의 정신적 고통이 훨씬 힘들다는 건 겪어보지 않으면 모른다. 그렇지만 고통스러울 정도로 없어봤기에 돈의 소중함을 뼈저리게 느낄 수 있어 돈이 들어올 때마다 그 돈을 어떻게 관리할까 고민을 할 수 있었다. 어려울수록 하이 리스크, 하이리턴(위험부담이 클수록 큰 수익이 나온다)에 눈을 돌리는 건 한방을 꿈꾸기 때문이다. 정말 운이 좋아 한방에 인생 역전을 하는 사람도 있겠지만 난 아직 내 주변에서는 그런 사례는 못 봤다. 어려울수록 판단력이 흐려질 수 있다는 것도 명심하자.

05

부러워하면 지는 거다

사촌이 땅을 사면 배 아파한다는 속담이 있다. 모르는 사람이 사면 배가 안 아픈데 아는 사람, 특히 아주 가까운 사람이 사면 배가 더 아프다는 말이다. 아주 가까운 사람이 잘되면 더 기뻐하고 축하를 해주어야 하는데 질투심이 폭발해 심한 사람은 신경성 장염까지 생기는 걸 보면 사람의 심리가 어쩔 수 없는 모양이다. 지금까지 살면서 경험으로 비추어보면 가까운 사람이 잘되면 배 아파 등을 돌리는 사람, 앞에서는 축하해 주지만 뒤에서는 훼방을 놓으려 하는 사람, 잘되었다고 인정해 주지 않으려 하는 사람들이 많았다. 그런데 아주 드물게 진심으로 축하해 주고 자신도 좋은 땅을 사고 싶다며 노하우를 알려달라는 사람을 봤다. 배 아파하고 속 끓이며 정신적 에너지 소모할 시간을 더 잘되는 방법에 투자하는 셈이다.

이런 사람들은 잘될 수밖에 없다. 경쟁하는 상대라 할지라도 서로 협력해 시너지를 내면 자신도 잘될 수 있는데 왜 시기와 질투를 내세우며 자신의 자존심을 바닥으로 내동댕이치는지 모르겠다. 승부욕이 남다른 나 역시 젊은 시절에는 경쟁의식을 느끼는 사람이 잘되면 속이 부글부글 끓어오르곤 했다. 그런데 어느 순간 그것이 내게 동기부여를 준다고 생각했다. 잘되는 사람 옆에 있어야 잘되는 방법과 돈이 모이는 곳을 알게 되는 법이다.

토끼와 거북이 동화 최신 버전을 소개하겠다.

잠시 졸다가 거북이에게 지는 굴욕을 당한 토끼는 다시 경주를 제안한다. 토끼의 제안에 잠시 고민하던 거북이가 경주 경로를 자신이 제안하겠다고 하자, 토끼는 흔쾌히 받아들인다. 나태한 생각으로 졸지만 않는다면 거북이를 이기는 건 당연하니 경로가 중요하지 않다고 생각했다. 출발하자 토끼는 방심하지 않고 결승점에 도달하자는 생각으로 열심히 뛰었다. 그런데 결승점이 얼마 남지 않은 곳에 강이 있었고 그 강에 도달한 토끼는 멘붕에 빠졌다. 토끼가 강 앞에서 어쩔 줄 몰라 하고 있을 때 강에 도달한 거북이는 유유히 강을 헤엄쳐 결승점에 도달했다. 토끼는 거북이보다 빠르다는 자신의 능력만 믿고 경로 확인을 안 한 실수를 했기에 또 지게 되었다. 반면 재도전을 신청한 토끼가 방심하지 않을 걸 안 거북이는 자신

깡 하나로 美친 꿈을 이루다

의 역량을 발휘할 수 있는 경로를 지정해 이긴 셈이다.

난 이 이야기를 들으며 자신의 역량을 잘 파악하는 게 얼마나 중
요한지 새삼 깨달았다. 또한 자신의 능력만 믿고 세심한 파악을 하
지 않은 토끼는 많은 실패를 낳는 사람들의 모습이라 느꼈다.

두 경기로 친해진 토끼와 거북이는 서로 시너지를 내자고 의기투
합한다. 토끼가 거북이를 업고 강까지 뛰고 거북이가 토끼를 등에 태
워 강을 건넌 후 다시 토끼가 거북이를 등에 업고 결승점에 도달했
다. 둘은 즐겁게 결승점까지 가면서 큰 만족을 느꼈다는 이야기다.

작든 크든 누구나 능력을 가지고 있다. 그 능력을 발휘하느냐 묻
고 있느냐가 삶의 질을 바꾸어 놓는다고 생각한다.

노력해도 안 되는 능력이 있다. 자신이 갖지 못한 능력을 상대가
가지고 있다면 부러워하고 질투하게 되는 건 사람이라면 같은 마음
일 것이다. 하지만 자신이 가진 능력과 상대의 능력을 합치면 시너
지가 높아져 두 배의 효과가 날 텐데 많은 사람들은 질투에 눈이 멀
어 배만 아파한다. 이건 승부욕이 아닌 과욕이다.

또한 자신이 가진 지식이나 노하우를 절대 전수하지 않으려는 사
람이 있다. 주변에 그 지식과 노하우를 전수한다고 해서 자신이 피
해를 보는 건 아닌데 말이다. 물론 벤치마킹이 뛰어난 사람들은 전

수받은 지식을 자신의 것으로 만들어 버리기도 한다. 이런 사람들 때문에 피해를 받지 않으려 지식과 노하우를 꽁꽁 싸매놓고 있기도 한다. 하지만 지금은 정보화시대이다. 조금만 부지런하고 노력하면 많은 지식과 노하우를 내려 받을 수 있는 시대이다. 눈 깜짝할 사이 발전하는 이 시대에는 지식과 노하우도 시간이 지나면 퇴색해 버려 무용지물이 된다는 것을 알아야 한다. 자신만 아는 노하우를 주변에 전수해 인재 양성에 힘쓴다면 사회나 회사 발전에 기여하는 의미 있는 일이지 않을까. 전수자, 양성자로서 인정받는 것도 가치가 있다고 생각한다.

가까운 사람이 땅을 사면 배 아파하지 말고 동기부여를 주어 고맙다고 인사해라. 그리고 그 동기부여가 타인으로부터 두 배, 세 배의 부러움을 살 수 있게 만들어라. 질투심이 큰 만큼 자신에게 큰 이득이 돌아오게 할 것이다. 지고는 못 사는 성격이라면 상대보다 더 잘되려 안간힘을 쓸 테니 말이다. 자극을 주는 사람이 아주 가까이 있다는 게 얼마나 감사한 일인가. 그러니 배 아프게 만들 사람들과 친하게 지내라. 그 사람들이 자신의 발전과 성공도달에 부채질하는 촉매제 역할을 할 수 있다.

의욕이 상실되었거나 위축되어 있거나 변화흐름을 읽지 못해 도태되는 느낌이 있다면 주변을 둘러보고 질투심을 유발시킬 사람들을 찾아봐라. 동기부여가 생기고 승부욕이 발동할 수 있다.

톨스토이는 〈세 가지 질문〉이란 글에서 세상에서 가장 귀한 사람은 과연 누구인가? 세상에서 가장 소중한 일은 과연 무엇인가? 그리고 세상에서 가장 소중한 시간은 언제인가라는 질문에 세상에서 가장 소중한 사람은 지금 바로 내 앞에 있는 사람이며, 세상에서 가장 소중한 일은 지금 내가 하고 있는 일이고, 세상에서 가장 소중한 시간은 바로 지금이라고 답했다.

배 아파하는 시간을 낭비하지 말고 바로 지금부터 그 사람들을 통해 동기부여를 해라.

06

I can do it!!!

나는 어떤 일을 시작하든 반드시 된다는 확신 90%에,
되게 할 수 있다는 자신감 10%를 가지고 일해 왔다.
안될 수도 있다는 회의나 불안은 단 1%도 끼워 넣지 않는다.
기업은 행동이요 실천이다.
-정주영

난 사업을 하며 고민이 생길 때마다 책에서 본 정주영 회장의 위의
말을 되새겨 보곤 했다. 60년대 말 조선소 건설을 추진하던 정주영
회장은 돈을 구하기 위해 세계 각국을 뛰어다녔지만 "너희가 어떻
게 배를 만들 수 있겠느냐"며 거절만 당했다. 그러던 중 71년 9월 미
국 차관 브로커의 주선으로 영국의 A&P 애플도어사의 롱바톰 회장
을 만났다. 이 회사와 기술계약을 맺고 영국 버클레이은행으로부터
차관을 끌어 쓰기 위해서였지만 여기서도 인정받지 못하고 거절당
했다.

정주영은 "한국은 영국보다 300년 앞서 세계 최초로 철갑선을 만
든 나라다. 이 잠재력으로 조선소를 만들어보겠다."며 거북선이 인
쇄된 500원짜리 지폐를 내밀었다. 거북선 지폐를 본 롱바톰 회장은
가능성을 인정해 추천서를 써주었고 차관을 도입해 조선소 건립을

할 수 있게 되었다. 뚝심 있는 자신감이 번뜩이는 아이디어를 만들어 냈다고 생각한다.

나 역시 할 수 있다는 자신감 하나로 사업을 시작했다. 그래서 정주영 회장의 성공 스토리가 가장 크게 내 가슴에 와 닿았는지도 모르겠다. 믿어달라는 말 한마디보다 믿음을 주는 행동과 결과가 중요하다는 건 알지만 시작을 하지 않은 상태에서는 과정과 결과물을 보여줄 수 없다. 사업 준비를 위한 실무를 배우기 위해 작은 회사에서 근무하면서 만난 사람들이 내 성실성을 알게 되었기에 믿음을 줄 수 있었다. 거래를 해 보며 내 정확성과 성실성을 느꼈기에 사업 초기 자본금도 없는 상태에서 물건을 공급받을 수 있었다. 그것이 내게는 가장 든든한 자본금이었고 그런 것이 있었기에 추진할 수 있는 자신감을 얻게 되었는지도 모른다.

소도 비빌 언덕이 있어야 비빈다는 속담처럼 자본이든 후원자든 믿는 구석이 있어야 앞으로 나아갈 힘을 얻는다. 어떤 사람은 운이 좋아 좋은 사람들을 만났다고 하지만, 난 한결같은 거짓 없는 성실함이 운을 만들었다고 생각한다.

미국 미식축구 내셔널리스 사상 필드에서 득점으로 연결시킨 최장거리 킥 기록은 1970년 뉴올리언스와 디트로이트팀 경기에 출전했던 톰 데프시라는 선수가 가지고 있다.

경기 종료 몇 초 전에 63야드(57m)의 킥을 날리며 기적처럼 득점에 성공한 그는 다른 선수들과 겉모습이 조금 달랐다.

오른팔은 태어날 때부터 없었고 오른발도 반쪽밖에 남아 있지 않았는데, 그가 공을 찬 다리는 바로 반밖에 남지 않은 오른발이었다. 톰의 아버지는 그에게 늘 이렇게 말했다고 한다.

"톰! 네가 원하기만 한다면 넌 뭐든지 할 수 있어. 비록 남들과 조금 다른 방법이겠지만 넌 반드시 해낼 수 있단다."

그는 아버지의 말에 자신감을 얻어 자신의 장애를 이겨낼 특별한 방법을 찾아냈다. 풋볼 경기에서 남들처럼 빨리 달릴 수는 없지만, 공을 멀리 차는 것은 가능하다는 걸 알아냈다. 그날부터 보다 강하고 정확하게 공을 찰 수 있도록 피나는 노력을 하였고 그 결과 무려 63야드나 되는 먼 거리에서 정확하게 골을 성공시켜 전 세계 팬들의 환호성을 한 몸에 받았다.

톰이 피나는 노력을 하게 된 계기는 바로 아버지의 '넌 할 수 있어!'라는 말 한마디였다. 또한 장애를 뛰어넘게 만든 건 장애라는 생각이 아닌 조금 다르게 생겼으니 나만의 방법과 가능성을 찾아본다는 사고가 성공으로 이끌었다. 이렇게 남의 성공담을 들으면 고개가 끄덕여지지만 내 것으로 만들지 못하는 가장 큰 장애물은 '나도 할 수 있다'는 강한 의지와 열정을 갖지 않는 자신의 사고와 행동이라고 생각한다.

납품한 업체가 부도가 나서 연쇄 타격을 몇 번이나 맞고, 내가 한 번의 부도를 내면서 '내가 무모하게 사업에 뛰어 들었나?'하는 자책감을 가졌었다. 그 자책감이 자신감을 잃게 만들기도 했지만 그때마다 다음과 같이 외치며 자신감을 잡으려 노력했다.

〈자존심을 잃고 푸념할 것이 아니라 진짜 자존심 있는 남자라면 자존심을 지켜야 한다.〉

〈이까짓 고난을 겪지 않고 내 꿈이 이루어진다면 재미없지. 스릴이 큰 만큼 희열도 큰 법이다.〉

"I can do it!!"

나는 할 수 있다는 세뇌를 걸고 밀고 나가는 방법 외는 내게 주어진 것이 너무 없었다. 하지만 간절한 꿈이었기에 할 수 있다는 각오가 풀어지지 않았고, 그 각오에 불같은 열정이 붙어 여기까지 오게 되었다.

07

도전을 막는 장애물

많은 사람들은 '시간이 없어서', '가진 것이 너무 없어서', '주변 사람들이 도움이 안 돼서' 등 꿈으로 가는 장애물을 환경 탓으로 돌린다. 그래서 잘되면 내 탓이요, 잘못되면 조상 탓이라는 말이 있는 거 같다. 나 또한 그런 생각을 안 해 본 건 아니었다.

조금이라도 뒷받침이 있었다면 좀 더 쉽고 빠르게 성공의 문을 열었을 텐데 하는 생각이 들면 한숨부터 흘러나오곤 했다. 그러다 간혹 몇 십억, 몇 백억 유산을 받은 자식이 몇 달 만에 파산을 했다는 기사를 보면 많이 가진 만큼 많이 잃는다는 상식적인 교훈을 새삼 느꼈고 유산 싸움을 하는 재벌 자식들 기사를 보면서 돈 싸움을 모르게 만들어준 부모님이 감사했다. 어렵게 살았기에 형제간 우애가 끈끈하고 돈독해졌다고 생각하면 참담한 생활이 값지고 의미 있었다고 생각된다. 솔직히 내가 꿈을 꾸고 여기까지 오게 만든 건 가난과 서글픔이었다. 그래서 원망스러웠던 처참하고 암담했던 내 어린 시절이 이제는 고맙기도 하다.

    포기라는 단어가 떠오르는 난관과 고난 앞에 굴하지 않았던 건 확신이 있었기 때문은 아니었다. 죽음을 생각했지만 죽을 수 없었던 시절을 떠올리니 죽는 것도 마음대로 안 된다는 걸 알았다. 인명은 제천이라고 하늘이 나를 데려가 주었으면 좋겠다는 생각을 품고 살긴 했지만 솔직히 자살을 시도해 보지는 않았다. 진짜 죽을까 두려워서는 아니었다.

    너무 고달퍼서 죽고 싶다는 생각은 들었지만 현실 도피로 스스로 목숨을 끊기는 싫었다. 그래서 죽어지지 않는다면 죽기 살기로 해 보자는 생각이 들었다. 어쩌면 열심히 하다 힘들어 죽을지도 모른다는 생각으로 열심히 했는지도 모르겠다. 영양실조와 과로에 쓰러지면서도 다시 일어나는 내 자신은 오뚝이 같았다. 처음 쓰러졌을 때는 힘들게 일어났다. 그런데 두 번 세 번 반복되면서 일어나는 힘이 빨라졌다는 걸 느꼈다. 웃기면서 슬프지만 쓰러지고 일어나는 것도 여러 번 반복되다 보니 습관적으로 일어나지나 보다 하는 생각이 들었다. 그래서 어차피 열심히 살아야 한다면 나를 힘들게 하는 장애물을 제거하자는 생각이 들었다.

           깡 하나로 美친 꿈을 이루다

· 반성은 하되 푸념만 나오게 하는 후회는 곱씹지 말자.

실수나 잘못된 것에 대한 반성은 필요하다. 반성은 교정과 변화를 만들어 발전으로 가게 해준다. 하지만 반성을 하게 만드는 후회는 한번으로 끝내지 곱씹지는 말자고 다짐했다. 후회를 하는 순간에는 기운 빠지고 자신감이 상실되고 푸념만 나오니 백해무익인 거 같았다. 정신 건강을 해치는 것에 시간 소비를 하고 싶지 않았다.

· 자만과 교만을 경계하자.

자신감이 넘치는 것과 자만심을 구별하지 못하는 사람이 의외로 많다. 자신감은 말로 드러내지 않아도 표정과 행동으로 표출된다. 벼는 익을수록 고개를 숙이는 법이다. 마찬가지로 자신의 능력을 확신하는 사람들은 입으로 떠들어대지 않는다. 타인으로부터 인정받고 싶은 심리가 강한 사람일수록 자신의 입으로 능력을 떠든다. 그것이 자만으로 비춰져 오히려 자신의 능력이 과소평가될 수 있다는 것은 생각하지 않는다. 이런 사람 중에는 성공하면 오만이 하늘을 찌르기도 한다. 자만과 오만이 가득 찬 사람이 모든 걸 잃게 된다면 결과는 뻔하다. 가진 것만 잃는 것이 아닌 좋은 사람도 다 잃게 된다면 재기는 점점 먼 나라 이야기가 되고 만다. 나 스스로 그런 무덤은 파지 말자고 다짐하며 늘 언행에 주의하려 노력한다.

• 관계 정리는 하되 청산은 하지 말자.

다시는 안 보고 싶은 사람이 있다. 좋은 사람이지만 자신과 코드가 안 맞으면 나쁜 사람이 되어 마주치고 싶지 않아진다. 그래서 사람은 상대적인 거다. 어떤 사람을 지목하며 나쁜 평가하는 사람의 말을 귀담아듣기는 하지만 그 평가로 선입감은 가지지 않으려 한다. 자신에게 피해를 주었거나 남들에게 나쁜 짓을 많이 하지 않아도 자신과 코드가 안 맞는 사람을 보면 좋지 않은 것만 눈에 들어올 수밖에 없다. 그러다 보면 그 사람에 대해 좋은 말을 늘어놓지 않는다. 개인적 감정으로 내린 평가일 수 있기에 그 말을 귀담아듣지만 난 그 사람에 대해 선입감을 만들지 않으려는 거다.

나쁜 선입감이 그 사람과 거리감을 주게 한다. 자신에게는 너무 좋은 사람인데 소통할 기회가 없어 그 진가를 몰랐다면 섣부른 선입감으로 진주를 놓치는 격이 되고 만다.

피해만 주는 사람, 이기적이라 함께 하고 싶지 않은 사람 등 관계 청산을 하고 싶은 사람이 있다. 하지만 난 그런 사람들을 관계 정리

하되 청산은 하지 않는다. 정리와 청산은 다르다. 조금 거리를 두고 좋은 관계를 만들어가는 건 정리지만 청산은 아예 관계를 끊어버리는 방법이다. 상대가 관계청산을 당한 걸 안다면 어떤 기분일까. 기분 나빠 자신도 청산해 버린다면 그걸로 깔끔하게 마무리될 수 있다. 하지만 악감정이 남아 분풀이를 하려 든다면 심하게는 진흙탕 싸움이 될 수도 있다. 그렇게라도 둘 사이로 마무리되면 아무 문제가 없다. 사람으로 연결되어 있는 사회에서는 한 사람만 건너면 또 그 사람과 연결될 수 있다는 게 문제이다. 그래서 더 큰 문제가 발생될 수 있는 건 사전에 조심하려 한다.

또한 내 입을 통해 누군가의 나쁜 선입감은 만들지 않으려 노력한다. 사람인지라 나도 모르게 내 잣대나 기분으로 누군가를 평가하기도 한다. 그럴 때마다 바로 반성하며 경각심을 갖으려 한다.

• 열정 온도를 유지하자.

꿈을 향해 무언가 시작할 때 희망찬 마음으로 주먹을 불끈 쥐며 열정에 불을 지핀다. 그런데 시간이 지날수록 또는 고난이 나타날 때면 주먹은 점점 퍼지며 열정의 불씨가 조금씩 날아가 버린다. 소원해진 연인 사이에 사랑이 식었다는 말을 하는 것처럼 초심을 잃으면 열정의 온도는 내려가게 된다. 그렇다고 자신이 의지가 약하다고 자학할 필요는 없다. 아주 희박한 몇 프로 빼고는 사람인지라 그런 건 당연하다. 고난이 오면 다시 주먹을 쥐며 열정의 온도가 내려가지 않게 하려 했다. 꿈이 희미해지려 하면 다시 주먹을 쥐었다. 잠시 꿈을 잊거나 고난이 오거나 하면 열정이 식어지기 때문이다.

하지만 열정의 온도가 내려가는 것보다 과열되는 것이 더 위험하다고 생각했다. 온도를 높이는 것보다 내리는 것이 더 힘든 법이니까. 아직도 적정한 온도 유지가 힘들다고 느낄 때가 많다. 그래서 죽을 때까지 고민하고 노력해야 된다고 하나 보다.

• 좌절은 해도 절망은 하지 말자.

실패하면 좌절하게 되지만 희망을 잃으면 절망하게 된다. 그래서 좌절과 절망은 다르다고 생각한다. 성공으로 가는 길목에는 실패라는 과정과 관문이 있다고 생각하면 좌절감을 느껴도 희망까지 잃는 절망은 하지 않는다. 삶이 너무 고달프고 힘들어 좌절감을 느끼는 건 자신만 그런 게 아니다. 누구나 한번쯤은 다 그런 상황을 겪고 사는 게 인생사다. 물론 하는 일마다 실패를 해 좌절감을 넘어 절망에 이르기도 하지만 좌절감 횟수가 많을수록 더 큰 희망이 온다고 긍정적으로 생각해 보자. 새벽이 오기 전이 가장 어둡다고 하지 않는가. 절망감이 엄습해 오는 상황에서 긍정적으로 생각하기란 쉽지 않다. 하지만 마음을 닦는 수련이라고 생각하면 헛웃음이 나와 가슴과 머리를 채우는 절망감을 조금은 누그러뜨릴 수 있다. 내 경험상 그렇다.

내가 아주 긍정적 사고를 갖고 있어 그렇게 해 온 건 아니다. 나만큼 큰 절망감을 갖고 버텨온 사람이 있을까 하는 생각도 했었다. 자신의 고통이 가장 크게 느껴지는 거다. 요즘도 가끔 좌절감이 들기도 한다. 그럴 때마다 절망했던 시절을 떠올리며 "이까짓 것에!"라고 대수롭지 않게 넘기려 한다. 나이가 들다 보니 작은 정신 소모가 체력에 끼치는 영향이 너무 커지는 걸 느꼈기 때문이다. 좌절 없이 사는 사람은 없다. 삶에 따라 많고 적고 그 횟수가 차이 날 뿐이다.

• 새로움에 눈을 뜨고 귀를 열자.

꿈으로 가는 여정의 시간이 길수록 더 많은 변화를 맞아야 한다. 변화를 두려워하는 것보다 변화를 가볍게 생각하거나 무시하는 자세가 더 위험하다고 생각한다. 시시각각 변화하는 시대에 살면서 그 변화를 인정하려 들지 않는다면 결국 자신만 도태될 뿐이다. 변화라는 물결을 타야 결승점 도달이 쉬워지는 거다. 작은 흐름의 변화를 받아들여야 큰 파도를 넘길 수 있다. 그래서 오늘은 무엇이 변해 가고 있는지 눈과 귀를 더 크게 열려 노력한다. 끊임없는 노력이 있어야 생존할 수 있는 시대이다. 목표점에 도달하지 않을 때는 그 노력이 힘겹지만 결과를 맞본 사람들은 끊임없는 노력이 얼마나 달콤한지 알고 있다.

꿈으로 가는 길을 방해하는 걸림돌은 바로 자기 자신에게 있다. 자신을 리드하지 못하는 사람이 사회와 환경을 리드할 수 있을까. 자신을 리드하고 싶다면 가장 무서운 적인 방해물부터 제거해야 한다. 그래야 진정한 셀프 리더십을 발휘할 수 있기 때문이다.

08

시련과 친해져라

이 세상에 위대한 사람은 없다.
단지 평범한 사람들이 일어나 맞서는 위대한 도전이 있을 뿐이다.
-윌리엄 프데데릭 홀시

꿈과 성공이 쉽게 이루어지는 것이라면 설레는 가슴으로 상상하게 될까. 쉽게 잡을 수 없으니 상상만 해도 심장 떨리고, 잡고 나면 큰 희열과 행복감을 느끼게 된다. 험한 시련을 딛고 꿈과 성공을 이룬 사람을 보면 존경심이 우러나오는 건 목표점까지 가는 길이 결코 평탄하지 않다는 걸 알기 때문이다.

피할 수 없는 시련이라면 즐기라는 말이 있다. 하지만 숨도 쉬기 힘든 시련 앞에서 즐길 수 있는 사람이 몇이나 될까. 시련을 즐기라는 말을 들으며 지난 험한 시련의 시간을 어떻게 보냈는지 곰곰이 생각해 봤다. 처음 큰 시련이 왔을 때는 힘들다는 감정을 느낄 수 없었던 거 같다. 어떻게 해야 하는지도 생각이 떠오르지 않았다. 꿈을 이루려면 이 시련을 견디어야 한다는 의지도 들지 않았다. 그냥 멘붕 상태였다.

웃긴 이야기 같지만 처음엔 무감각, 무의식 상태가 시련의 고통을 줄여 주었던 거 같다. 그런데 시련 속에 빠졌다는 현실을 느끼자 고통이 심장을 압박했다. 눈앞의 시련을 어떻게 극복해야 하는지 해결책을 찾는 것도 괴롭고 힘들었지만 목표점까지 가려면 얼마나 더 많은 시련을 만나야 할까 하는 생각에 두려웠다. 하지만 오지 않는 것을 미리 예단하지 말고 현재 상황에 충실하자고 내 자신을 다독였다.

직장생활을 하면 이런 시련은 겪지 않아도 될 텐데 하는 후회를 한 적이 있었다. 너무 힘든 시련을 간신히 넘기고 나니 에너지가 고갈되어 30억 꿈을 이룰 수 있을까 의구심이 들어 정말 내가 무모한 짓을 한 건 아닌지 걱정이 되었다. 하지만 한 수 물릴 수 없는 바둑판에서 후회를 해 봤자 소용없었다. 어떻게 해야 이길 수 있을지 패를 보는 방법이 최선이었다.

꿈을 이루기 위해 사업을 시작한 것이 무모한 것이 아닌, 남들이 미친 꿈이라고 놀리는 꿈을 美친 꿈으로 만들려면 심장이 저리는 고통의 시련은 당연한데 그걸 받아들이지 않으려는 내 자세가 무모하다고 생각했다.

-가진 것이 없으니 꿈까지 가려면 더 많은 시련을 겪어야 하는 건 당연하다.

깡 하나로 美친 꿈을 이루다

-비포장도로가 불편하지만 소화는 잘되게 한다.

-자갈길을 포장도로로 바꾸는 작업이 쉬울 수 있을까.

-시련은 목표로 가는 여정이기에 추억을 남겨준다.

-천둥 번개가 요란하게 칠수록 더 맑은 하늘을 볼 수 있다.

시련이 오면 이런 생각으로 고통을 이겨내려 노력했다. 친하지 않아도 자주 만나면 친밀감이 생기지 않는가. 거부할 수 없다면 그 것과 친해지는 게 현명함이라 생각했다. 익숙하고 친해지면 덤덤해 지고 무감각해지니까 말이다.

사업을 해서 시련이 있는 건 아니다, 시련 없는 삶은 없다. 하지만 사업을 하니까 좀 더 잦은 시련이 찾아 올 뿐이라고 내 자신을 많이 다독였다.

사람들은 돈 걱정 안 하는 재벌이 부럽다고 하지만 재벌은 돈만 빼고 걱정한다는 지인 말을 듣고 웃은 적이 있다. 걱정이 많은 사람 들이 시련을 만나면 더 고통스러워한다. 쓸데없는 걱정부터 줄이는 습관을 들여야 한다. 걱정한다고 해결되는 건 아니다. 걱정하는 순 간 위축되고 정신적 스트레스만 가중시킬 뿐이다.

견디기 힘들어 시련 앞에 무릎 꿇었다고 치자. 그걸로 모든 게 해

결된다면 빨리 항복하는 편이 심신 건강을 위해 현명한 것이다. 하지만 승리한 시련이 더 큰 시련을 몰고 와 해 보자고 달려든다면 어떻게 하겠는가. 이기려 드는 것도 빨리 항복해 버리는 것도 습관으로 자리 잡는다. '승리는 기념하고 패배는 기억하라'는 말처럼 자신과의 싸움에서도 많은 오점을 남기지 말자. 자신을 못 이기는 사람이 험한 사회에 어떻게 맞서겠는가. 장수시대가 되어 삶의 여정은 점점 길어진다는 걸 명심해야 한다.

09

준비된 자가 기회를 잡는다

기회는 준비가 되었을 때 찾아온다.
-루이 파스퇴르

아카데미 시상식에서 한국 영화가 작품상과 감독상을 받았다는 기사를 보며 짜릿한 전율을 느꼈다. 거기다 미 타임지에 2020년 영향력 있는 100인 인물에 봉준호 감독이 올라갔다는 기사를 보며 올라가지 못할 나무는 없다는 생각이 들었다. 그리고 얼마 전 방탄소년단이 빌보드 차트 1위에 올랐다는 놀라운 기사를 또 접하면서 혼자 원더풀을 외쳤다.

방탄소년단이라는 이름이 워낙 유명해 알고는 있었지만 어떤 노래를 부르는지는 솔직히 몰랐다. 우리 세대가 따라 부를 수 없는 음악이라 관심을 두지 않았는데 빌보드 차트에 그것도 1위에 오르는 쾌거를 이룬 음악이 어떤 건지 궁금해 들어보기도 했다.

요즘 음악은 따라 하기도 평가하기도 어렵지만 빌보드 차트 1위에 오른 한국 음악이라는 생각을 하니 어깨가 절로 흔들어졌다.

봉준호 감독이나 방탄소년단이 하루아침에 그런 신화를 만들었을까.

몇 년 전 강의 시간에 세계적 발레리나 강수지의 발 사진을 봤었다. 인내와 고통이 느껴지는 발을 보며 고통이 큰 만큼 큰 기회를 잡는다는 생각을 했었다.

얼굴만 예쁘다고 배우로 성공하는 시대는 지났다. 배우는 배우답게 탄탄한 연기력이 뒷받침되어야 인정받는 스타 자리에 오를 수 있다. 가수가 노래를 잘 부르는 건 당연한 필수 요건이다.

하지만 비주얼시대에 맞게 춤과 가창력, 거기다 외모까지 겸비해야 탄탄한 스타 자리를 꿰찰 수 있다. 귀로만이 아닌 눈으로도 느끼는 시대이다. 그렇다면 거기에 맞게 준비를 하고 다져야 스타의 기회를 잡을 수 있다.

토머스 에디슨은 '대부분의 사람들이 기회를 놓치는 것은 기회가 남루한 작업복을 입고 찾아오기 때문이다.'라고 말했다. 운이 안 좋아 기회를 놓치는 것이 아닌, 준비가 되어 있지 않거나 기회를 보는 혜안이 없어서 기회를 놓치는 경우가 많은 거 같다. 거기다 기회는 눈부신 빛을 밝히며 다가올 거라는 허황된 생각에 사로잡힌 사람들은 어둠속에 숨은 빛나는 기회를 결국 놓치고 만다. 이런 사람들은

기회가 안 오는 것이 아닌, 기회를 보지 않는 자신의 문제는 파악하지 않고 팔자, 운 타령만 한다. 자신의 문제를 파악해 사고를 변화시키지 않는다면 평생 기회와 만나보지 못하고 함께 무덤으로 들어가게 된다.

부푼 꿈을 안고 열심히 도전했지만 내가 생각하는 기회가 다가오지 않아 조바심이 나기도 했었다. 이 정도면 내 앞에 떡하니 나타나주어야 하지 않나 생각하면 빨리 오지 않는 기회가 야속하고 미웠다.

조바심을 낼수록 숨바꼭질하듯 기회라는 놈은 쉽게 내 눈에 나타나지 않아 애간장을 태우기도 했다. 그럴수록 잡고 싶다는 욕구가 커졌다.

그런데 지나고 보니 나 역시 기회라는 것이 눈부실 정도로 밝은 빛을 하고 내 앞에 나타날 거라는 어리석은 생각에 빠졌다는 걸 느꼈다. 작은 기회들을 잡고 꿈을 향해 나가고 있었는데 그 작은 기회를 기회라 못 느끼고 있었던 내 우둔함을 반성했었다. 그걸 느낀 후에 기회에 대해 내 생각을 정리했다.

-이것도 기회라고 생각한다.

이건 기회가 아닌 당연한 결과라고 생각하지 말고 내 기회로 만들어야 한다고 다짐했다.

-이게 마지막 기회라고 생각한다.

주어진 기회는 내 인생의 마지막 기회라는 생각으로 열정을 쏟아붓기로 했다.

-이 기회로 더 큰 기회를 잡을 수 있다고 생각한다.

소박하고 초라한 것도 기회라 생각하고 그 기회에 멋진 옷을 입혀주면 된다고 생각했다. 어떤 옷을 입혀주느냐에 따라 기회의 비주얼이나 가치가 달라지지 않을까.

깡 하나로 美친 꿈을 이루다

-가까운 사람에게 찾아온 기회도 내 기회라고 생각한다.

사촌이 땅을 사면 난 그것도 내게 주는 기회라 생각하기로 했다. 더 좋은 땅을 고를 수 있는 눈을 갖는 것도 기회이니 말이다.

-스쳐 지나가는 기회도 내 기회로 만들자.

스쳐 가는 인연도 인연이라는 말처럼 살짝 스쳐 가는 기회도 인연으로 만드는 건 내가 하기 나름이라고 생각한다.

-놓쳐 아쉬운 기회가 새로운 기회를 알려준다고 생각한다.

기회를 놓쳤다고 가슴 치며 후회해 봤자 달라질 건 없다. 하지만 그 실수를 인정하고 반성한다면 똑같은 실수를 되풀이하진 않을 수 있다. 그 후회가 좀 더 큰 기회를 만나게 해줄 거라고 믿는다.

감나무 밑에서 감이 떨어지기만 기다리며 노심초사하는 사람과 나무를 흔들거나 꼬챙이를 이용해 감이 떨어지게 만드는 사람이 있다. 둘 다 감을 먹게는 되겠지만 시시각각 빠르게 변화하는 이 시대에는 시간도 중요한 성공의 열쇠라는 걸 알아야 한다. 감나무에서 감이 떨어지기를 바라는 사람은 시간과 싱싱한 감을 함께 잃어버리고 만다. 그 실수는 감나무가 아닌 자기 자신이 하는 것이다. 감을

보며 침만 넘기고 있겠는가. 감을 내 입에 넣겠는가는 자신의 태도
에 달려 있다.

깡 하나로 美친 꿈을 이루다

10

쉼표는 있지만 마침표는 없다

너무도 간절했기에 꿈을 향해 앞만 보고 달렸다. 그리고 그 꿈을 이루니 자신감이 붙어 더 큰 꿈을 꾸었고, 또 앞만 보고 달렸다.

하나를 가지면 또 하나를 더 갖고 싶은 게 인간이고 그 욕망은 끝이 없다는 걸 느꼈다. 그런데 어느 순간 젊은 시절에는 혈기와 깡으로 견디었지만 점점 나이가 드니 욕망에 브레이크를 다는 것도 필요하다는 생각이 들었다.

한참 먹을 나이에 영양실조와 과로로 쓰러지다 보니 또래 아이들보다 성장 호르몬이 많이 부족했었다. 열정을 불태우며 살 때는 크게 못 느꼈던 신체적 문제들이 요즘은 한 해가 다르게 피부로 느껴지고 있다. 병 이길 장사 없다는 말이 무슨 뜻인지 알 거 같은 건 내 건강이 조금씩 힘을 잃어가고 있는 거 같아 요즘은 과중한 일은 브레이크를 걸려 한다. 건강을 위해 등산이나 조깅을 하지만 건강은 나빠진 후 지키는 것이 아니라 건강할 때 지켜야 한다는 걸 새삼 느꼈다. 그렇다고 병을 얻어 신체적 문제가 생긴 건 아니다. 하루, 한 해가 다르다는 걸 느끼면 나이가 실감되고 좀 더 건강한 젊은 시절에 내 몸을 너무 혹사시킨 게 후회가 된다는 말이다.

그래서 몇 년 전부터는 내 시간에 쉼표를 찍어야겠다고 다짐하고 억지로 쉬어보려 했다.

옛날에 할머니가 고기도 먹어본 놈이 잘 먹는다는 말씀을 하셨는데 역시 쉬는 것도 쉬어 본 사람이 어떻게 쉬는 것이 힐링이 되고 탄탄한 재충전을 하는 방법인지 아는 것 같다. 등산 가는 거로 생각을 비워 보려 하는 것이 쉬는 것이라 생각했다. 그래서 쉬고 싶을 때는 혼자 산행을 했고 정상에 오르면 머리를 어지럽히는 생각들은 잠시 비우며 막걸리 한잔을 했다. 그것이 내게는 힐링의 순간이었다. 그런데 어느 순간 시간을 낭비하는 건 아닌가 하는 생각이 들어 나를 위한 시간 투자에는 너무 인색한 내 자신을 발견하고 깊은 반성을 했었다. 내 심신을 위한 시간은 낭비가 아닌 재충전을 위한 투자라는 생각을 하며 적절한 쉼표의 시간을 만들어 나가고 있다.

앞만 보고 달리다 보니 내 건강을 돌보지 않은 것뿐만 아니라 가

깡 하나로 美친 꿈을 이루다

족들에게 많이 소홀했다는 생각이 들어 미안했다. 마음의 여유가 생겨서가 아닌 나이가 드니 그런 생각들이 든다.

아내를 소개받고 처음 만난 날 3번 만나보고 인생을 함께 할 건지 정하자고 했었다. 사나이답게 보이려 그런 말을 한 건 아니었지만 아내는 밀어붙이는 내가 남자답고 멋있어 세 번째 만나는 날 승낙을 했다고 하니 의도와는 다르게 성공한 셈이다. 살면서 가끔은 이렇게 의도치 않은 성공도 있는 법이다. 사실 멋있게 보이려 그런 말을 한 것이 아니고 먹고 살기 빠듯했기에 연애 시간을 낭비하고 싶지 않았다. 오래 연애하다 헤어지고 다른 여자를 만나 또 알아가는 시간을 갖는다는 게 싫었다. 사실 중요한 건 그럴 마음의 여유가 없었다. 그렇다고 결혼을 하려고 아내를 잡은 건 절대 아니었다. 아내가 마음에 들었기에 하루라도 빨리 내 곁에 두고 싶었다. 결혼 후 많은 대화를 하며 살자, 돈은 없지만 마음은 부자로 만들어주겠다고 약속했는데 전자는 지켜지지 않은 거 같아 미안하다. 한 번씩 약속을 지키지 않았다며 바가지를 긁지만 지금까지 묵묵히 이해해 주며 내 곁을 지켜주는 아내가 너무 고맙고 사랑스럽다.

아버지라는 이름만 있지 두 아들에게도 살갑게 대하며 요즘 젊은 아버지들처럼 아들 바보같이 못해 준 게 많이 미안하고 마음에 걸린다. 변명 같지만 요즘은 시대가 변하여 아버지 역할이 변한 것이지 우리 시대 사람들은 모두 나같이 살았다고 생각한다. 장성한 두 아들을 보며 내가 내 아버지에게 못 느낀 아비의 정을 느끼게 해주어야겠다는 생각이 들었다. 먹고 사는 것도 벅찬 내 아버지는 자식들에게 어떻게 사랑을 해주어야 하는지 방법을 몰랐던 거 같다. 물론 그 시대 아버지들이 거의가 그랬지만 세 끼가 아닌 한 끼 걱정이 앞선 내 아버지는 그렇게 살 수밖에 없었다. 백 프로 이해는 하지만 솔직히 마음 한 구석에는 응어리로 남아 있다.

그래서 어느 날 두 아들에게 등산을 가자고 했다. 머뭇거리는 아들에게 내게 효도하는 건 함께 등산을 가주는 거라고 했다. 글을 쓰며 돌이켜 생각하니 함께 등산을 가주는 걸 효도와 불효로 선을 그은 내 표현이 아들들에게 심적 부담을 준 거 같아 또 미안하다.

아버지 사랑을 받아보지 못해 어떻게 사랑을 주는지 방법을 몰랐다는 걸 이 책을 통해 두 아들에게 전하고 싶다. 사실 아들을 데리고 산행을 하는 행복감, 그것이 나에 대한 효도이지만 그걸 강요했다는 것이 미안하다.

그래서 죽을 때까지 배워야 한다는 말이 있는 거 같다. 아무리 피를 나눈 사이지만 그들과 어떻게 소통해야 하는지 다시 생각해 보려 한다. 앞만 보고 달리며 바빴기에 가족들과의 사랑, 소통은 그동안 잠시 쉼표였다고 생각한다. 그래서 이제는 다시 이어가려 한다.

깡 하나로 美친 꿈을 이루다

내 방식이 아닌 서로가 행복할 수 있는 쌍방향 소통으로 말이다.

가족들이 내 변화에 고개를 끄덕이고 동그라미를 그려주길 기대해 본다. 일과 사랑은 죽어야 마침표를 찍는 것일까. 난 죽은 후에도 마침표를 찍고 싶지 않다. 내가 없어도 내 향기를 남기고 싶기 때문이다. 강하지 않은 은은한 향은 오래 남는다고 하지 않는가. 그래서 책을 쓰고 싶었을지도 모른다. 남기고 싶은 여운 중 하나로.

11

아시타비 我是他非

2020년 사자성어로 아시타비(나는 옳고 남은 그르다)를 선정했다고 한다. 너무도 복잡하고 다사다난했던 사회, 정치를 꼬집어 이 말이 나온 거 같다. 우리가 흔히 말하는 내로남불(내가 하면 로맨스고 남이 하면 불륜이다)과 같은 뜻이다. 많은 사람들이 자신의 문제는 합리화시키면서 남의 문제나 단점은 꼬집으며 질책하기도 한다.

타인의 단점만 보며 지적질을 하는 것도 습관이다.

상대의 장점보다는 단점, 잘한 것보다는 미흡한 부분만 보려는 사람이 있다. 자신이 느낀 것을 마음에 담고 상대를 평가하면 되는데 굳이 그것을 지적질하듯 말하며 가르치려 들기도 한다. 문제는 정작 자신은 그런 단점이나 미흡한 부분이 있는지 생각해 보지 않는다는 점이다. 이런 사람 중에는 자신도 그런 문제가 있다

깡 하나로 美친 꿈을 이루다

는 걸 알면서 교묘하게 합리화를 시키기도 한다. 눈 가리고 아웅한다는 말이 이런 사람을 두고 하는 말인 거 같다.

질책을 들으면 마음이 상하고, 칭찬을 들으면 기분이 좋아지는 건 사람이라면 같은 마음이다. 내가 듣기 싫은 말이라면 상대도 듣기 거북한 건 당연하다. 단점, 문제점만 들쳐 내는 사람으로 비추어지지 않도록 주의하자. 특히 나이가 들수록 노파심에 그런 말을 무의식적으로 하게 되는 경우도 있어 나 역시 말을 하기 전에 3초만 생각해 보려 한다.

나도 그렇게 할 수 있다는 가정을 버리지 마라.

상대가 잘못 처신했다고 질타하기 전 자신이라면 그 상황에서 어떻게 처신과 대처를 했을지 객관적으로 냉철하게 생각해 보자. 칼자루를 쥔 쪽과 칼날 끝을 보고 있는 사람의 사고와 대처는 다를 수밖에 없다. 또한 사회적, 경제적 상황에 따라 처신이 달라질 수밖에 없는 건 당연하다. 그런데 '나라면 그렇게 안 한다'고 확신하지 말자. 만약 내가 그 위치, 상황이라면 그럴 수도 있다는 가정 하에 상대를 이해해 보자. 역지사지易地思之의 사고 또한 습관이라고 생각한다. 이건 단순 배려와 매너가 아닌 처세에 필요한 사고라고 본다.

'무조건 내가 옳다.' 안하무인, 후안무치厚顔無恥는 아닌지 돌아보자.

독불장군처럼 밀어붙이면서 무조건 복종을 요구하는 유형이 있다. 그것이 카리스마 리더십이라고 생각하거나 승부욕에 불타 뭐든 자기 뜻대로 되지 않으면 참지 못하는 사람들 중에 이런 유형이 많다. 그릇된 것도 옳다고 우기는 후안무치는 감당할 수 없는 유형이다. 이런 사람은 잘 나갈 때는 곁에 사람이 있지만 곤경에 처하거나 가진 걸 잃은 상황이 되면 사람들이 모두 떠나가 버리고 만다. 그냥 사람들이 떠나가 버리는 것도 배신감에 치를 떨게 되는데, 그동안 당한 앙갚음을 한다며 뒤통수까지 친다면 정신뿐이 아닌 삶까지 피폐해질 수 있다.

한순간의 뻔뻔함이 자신을 순장으로 이어지게 하는 건 아닌지 심각하게 생각해 보자. 남에게 뻔뻔하다고 손가락질하기 전 나는 어떤지 다시 한 번 되돌아보자.

명심보감에 견인지악이심기지악見人之惡而尋己之惡, '남의 악한 것을 보고 나의 악한 것을 찾으라'는 말이 있다. 남의 단점과 문제를 보면서 자신의 단점과 문제를 보라는 말이다.

새해를 맞이하며 새로운 다짐을 하는 것도 중요하지만 낡고 잘못된 것은 버리는 것부터 해야 하지 않을까. 그래서 내게 옳지 않은 그

룻된 것은 무엇인지 곰곰이 생각해 보고, 개선의 기회를 가지려 한다. 신문에서 본 '아비타시'(나는 그르고 남은 옳다)라는 말을 마음에 새겨보고 2021년을 맞이한다.

2022년 창립 30주년을 맞이할 때 새로운 도전으로 책을 내려 결심하고 몇 년 전부터 조금씩 준비했었다. 그런데 갑자기 찾아온 코로나 전쟁 때문에 경제 침체에 빠지게 되어 이런 시기에 집필에 몰두하자는 생각이 들어 집중하게 되었다.

　새삼 책들을 가까이하며 많은 구상을 했지만 막상 내용을 전개해 나가려니 창작이 얼마나 어렵고 고통을 동반하는지 처음으로 알았다. 솔직히 메모한 것들을 글로 옮기면 다른 책들처럼 될 수 있다고 가볍게 생각했었는데 막상 글을 쓰려니 메모와 책으로 나오는 글은 하늘과 땅 차이라는 걸 느껴 사실 도전을 포기할까 고민도 했다. 그런데 주변에 책을 낼 거라고 공표를 해 놓은 상태라 자존심도 상하고 직원들과 자식들에게 꿈을 가지고 그 꿈의 정상을 향해 전진하는 걸 포기하지 말아야 한다고 역설한 내 자신이 우스워질 거 같았다. 사실 마음을 잡고 앉아 쓰다 덮고를 얼마나 반복했는지 모른다. 30억 꿈보다 더 어렵고 힘들게 느껴지는 건 내가 해 온 일이 아니었기에 당연하다고 나 스스로를 달래고 위로했다.

코로나 때문에 회사는 침체되었지만 코로나 때문에 새로운 도전을 조금 앞당길 수 있었다. 내게는 득과 실을 함께 안겨 준 전쟁터이다. 꿈을 안고 시작한 사업과 반평생을 함께 보냈다.

내가 100세까지 꼭 채워 산다면 난 아직 또 반평생을 가지고 있다. 환갑을 넘기는 해에 여러 생각이 교차하며 문득 내게 남은 시한부는 몇 년일까 궁금해졌다. 동창들의 부고를 들으면 갈 나이가 되었나 하는 생각에 우울해지고, 90세가 넘은 선배들을 보면 난 90세를 대비해 뭘 해야 할까 고민이 되니 이러나저러나 고민에 빠지게 하는 게 인생인 거 같다.

나보다 나이가 어린 사람이 갑자기 유명을 달리했다는 소식을 접하면 가는 순서는 없고 인명은 제천이라는 생각도 든다. 여하튼 난 얼마나 시한부를 살아야 하는지 몹시 궁금해졌었다.

남들보다 월등히 잘 살아 어린 시절의 한을 풀고 싶어 꾼 꿈도 이루었다. 포기와 좌절을 딛고 일어날 수 있었던 힘은 내 자식들에겐 절대 나와 같은 처절한 고통을 물려주지 말자는 다짐이었다. 그 강한 다짐이 자식들은 나와 같은 전철은 밟지 않게 해주었다. 그것 역시 이루었는데 가끔 뭔지 모를 허전함이 내 마음을 공허하게 만들었다. 불끈 주먹을 쥘 만큼 간절한 꿈이 없어져서 그런지도 모르겠다.

그래서 몇 년 시한부이던 간에 그 순간까지 끊임없는 꿈을 만들어보자고 다짐했다. 생각을 정리하고 싶을 때 갑자기 우울해질 때 세상이 나를 속이고 있다는 생각이 들 때면 난 혼자 산에 오른다. 깔딱 고개를 넘을 때마다 내 지나온 시련들을 떠올려 본다. '그거에 비하면 지금 상황은 아무것도 아니다.'라는 생각이 위로가 되어 다시 다짐을 하는 계기가 되곤 한다.

정상에 올라 시원한 바람을 맞으며 우울함도 함께 날려 보낸다. 어느 날 문득 산을 내려오면서 '내려와야 다른 산을 올라갈 수 있지 않나' 하는 생각이 들었다. 왜 올라간 곳이 정상이라고만 생각하는지 더 높은 곳에 올라가면 내려다볼 산인데 말이다.

그것이 돈과 명예의 성공을 뜻하는 건 아니다. 그렇다고 더 많은 걸 가지려 하라는 말도 아니다. 내려오는 건 한순간이지만 올라가는 건 많은 인내가 필요하다. 정상에 올라 희열을 느낀 후 안주하지 말고 내리막을 생각해 보며 다른 정상 목표를 세워야 한다는 것이다. 산 밑으로 내려와 다시 올라가는 것보다 정상을 내려와 산길을 따라 다른 정상에 오른다면 시간과 인내를 줄일 수 있다. 또한 내려올 줄도 아는 마음의 자세가 자신의 마음을 더 풍요롭게 만든다고 생각한다. 풍요로운 마음은 그대로 얼굴에 표현되어 은은한 나이의 흔적을 남긴다. 심상이 관상을 좌우한다는 말이 있지 않은가. 살아온 흔적이 묻어나는 얼굴에도 관심을 가져야 한다는 생각이 들어 요즘은 마음을 정화시키려 노력하고 있다.

글을 쓰는 동안 내 자신을 되돌아볼 수 있어 너무 뜻 깊은 시간이었다. 생각보다 너무 힘들었기에 더 큰 보람도 느낀다.

또한 사람들의 평가가 설레면서도 두렵다. 하지만 누군가 내 책을 보며 채찍을 든다고 해도 난 기쁠 거 같다. 관심이 없다면 쓴소리도 안 할 테니 말이다. 쓴소리도 감사할 줄 아는 나이가 된 것이 그저 고마울 뿐이다. 솔직히 채찍보다 당근을 많이 받고 싶다. 자화자찬이라고 에필로그를 쓰면서 포기하지 않고 집필을 끝내는 기특한 내 자신에게 큰 갈채를 보냈다.

30년, 반평생을 함께 한 내 회사를 기리기 위해 책을 내기로 결심했는데 다음 책을 또 써보고 싶다는 욕망이 꿈틀거렸다. 그래서 난

에필로그에 마침표를 찍고 싶지 않다.

만약 이 책이 내 인생에 마지막 책일지라도 난 여운을 남기고 싶다. 이 생과 이별할 때 나를 아는 모든 사람들에게 향기를 남기고 싶은 것처럼.

to be continue······.

흙수저가 꿈꾼 인생 역전 스토리

깡
하나로
美친 꿈을
이루다

초판 1쇄 발행 2021년 02월 22일
초판 2쇄 발행 2021년 02월 24일

지은이 정종태
펴낸이 최화숙
편집인 유창언
펴낸곳 이코노믹북스

등록번호 제1994-000059호
출판등록 1994. 06. 09

주소 서울시 마포구 성미산로2길 33(서교동), 202호
전화 02)335-7353~4
팩스 02)325-4305
이메일 pub95@hanmail.net/pub95@naver.com

ⓒ 정종태 2021
ISBN 978-89-5775-247-0 03320

값 15,000원